勝てる！強くなる！
強豪校の部活練習メニュー

バスケットボール

実践学園中学・高等学校
男子バスケットボール部総監督
高瀬俊也 監修

金の星社

はじめに

　バスケットボールは、せまいコートの中で目まぐるしく攻守が入れかわる、スピーディーなスポーツです。そのため、プレーヤーの瞬時の判断が重要であり、その駆け引きが大きな魅力の1つです。
　ただし、その一瞬の間によい判断ができても、基本が身についていなければ、よいプレーにはつながりません。特に小中学生のみなさんは、基本を繰り返し練習し、身につけることが大切です。
　また、個人の技術が優れているだけでは試合には勝てません。「自分自身を高める

ために努力し、思いやりを持って仲間と協力し合い、自分を支えてくれている人たちに感謝する」という気持ちが、チーム全員に備わったときに、チームとしての強さが現れることでしょう。

　この本は、もっとプレーがうまくなりたい人や、チームメイトとの連係をよくしていきたいと思っているみなさんのためにつくりました。

　基本を大切にしながら努力を続け、仲間とともに夢をつかんで喜びを分かち合えるように、みなさん頑張ってください。

本書の使い方
効果的な練習方法を知ろう

本書では、中学バスケットボールの強豪校が実際に取り入れている練習を、写真やイラストを使ってわかりやすく解説している。ここで本書の約束事を確認してから練習に移ろう。なお、コートの各部名称、知っておきたい用語はP.124〜125を参照しよう。

テクニック・練習名
このページで解説されているテクニックや練習の名前。

ビジュアル
どんなテクニックなのか、写真と図を使ってわかりやすく解説。体の動きやボールの動きなどは、矢印を使ってイメージしやすくしている。

矢印や図の種類

- ---→ 目線の方向
- ─→ 足や手、体の動く方向
- ─→ ボールの動く方向
- ○ テクニックや練習などの注目ポイント
- ● 鍛えられる体の部位
- Ⓐ 味方チーム
- Ⓐ 相手チーム
- ---▶ パス
- ─▶ 移動
- ∿∿▶ ドリブル

テクニックの内容
どんなテクニックなのか、どんなときに使うのか、どう試合に役立つのかを具体的に解説。

段階別のトレーニングメニュー
そのテクニックがうまくできるようになるための練習方法を2〜3の段階で解説。STEP1ができるようになったら、STEP2を練習する。少しずつ上達していく実感が持てるはずだ。

ポイント
練習で気をつけることやコツなど、大事なことが書かれている。

人数	練習に必要な人数
回数	練習回数の目安
道具	練習に必要な道具
時間	練習の所要時間

やり方
練習の仕方や体の動かし方を、順を追って解説。

第1章 基本技術と練習メニュー

STEP 1 ボールを拾ってシュート

人数	1人	回数	左右1回〜
道具	ボール、ゴール	時間	3〜5分

右サイド、左サイドによって引く足が変わる。ゴール下で低い姿勢になって、力強く動こう。

Point 低い姿勢のままゴールへ

1 ゴールに背を向け、床に置いてあるボールを拾う。
2 1と同時に、低い姿勢のまま、エンドラインに近いほうの足をうしろに引いて、ゴールの方を向き、ゴールに近づく。
3 もう一方の足をゴール下まで踏み出して、ジャンプシュートを打つ。

STEP 2 フェイクからパワードリブル

人数	2人	回数	左右1回〜
道具	ボール、ゴール	時間	3〜5分

シュートを打つときは、ゴールから遠いほうの足をゴールに近づけて打とう。

Point 力強くゴールに向かう

1 ローポストに立つ。ハイポストからパスを受けたら左右のどちらかにボールを出して、フェイクをかける。
2 フェイクした方と逆方向に足を踏み入れ、股の下で1回だけ、パワードリブル(力強いドリブル)をする。
3 ドリブル後、ジャンプシュートを打つ。

STEP 3 ターンからフックシュート

人数	2人	回数	左右1回〜
道具	ボール、ゴール	時間	3〜5分

ターン1回め(左)も、ターン2回め(右)も、バランスを崩さない。

Point 連続ターンでも安定させる

1 ローポストに立つ。ハイポストからボールを受けたら、エンドライン側にフロントターン(→P.17 STEP3)をする。
2 軸足をかえずに、リバースターン(軸足とは反対の足を引いて、お尻から回るターン)をする。
3 フックシュートを打つ。

ココが重要!
とくに重要な技術のポイント、マスターするためのコツを解説。

本書のおすすめの読み方

❶ チームの状態を知りたいときや、チームの弱点を克服したいときは、まずP.10を確認しよう!

❷ まんべんなく知りたい人は1章から順に読もう!

❸ 基本ができているなら、やりたい練習だけにチャレンジ!

目次

はじめに……2
本書の使い方 効果的な練習方法を知ろう……4
練習を始める前に なりたい自分と弱点を知ろう……10
弱点を知って練習メニューを立てよう！……12

第1章 基本技術と練習メニュー

基本姿勢
- 01 パワースタンス……16

ドリブル
- 02 ドリブルの基本……18
- 03 スピードドリブル……20
- 04 フロントチェンジ……22
- 05 インサイドアウト（チェンジ）……24
- 06 バックビハインド（チェンジ）……26
- 07 バックロール……28
- 08 レッグスルー……30
- 09 ドリブルキープ……32

シュート
- 10 セットシュート……34
- 11 ジャンプシュート……36
- 12 ミートシュート……38
- 13 レイアップシュート①……40
- 14 レイアップシュート②……42
- 15 バックシュート……44
- 16 フックシュート……46
- 17 ローポストシュート……48

パス
- 18 チェストパス ………… 50
- 19 ワンハンドパス ………… 52
- 20 バウンドパス ………… 54
- 21 パスキャッチ ………… 56
- 22 ディフェンスつきパス交換(こうかん) ………… 58

ディフェンス
- 23 ディフェンスの基本 ………… 60
- 24 サイドステップ ………… 62
- 25 ドリブルをディフェンス ………… 64
- 26 クローズアウト ………… 66
- 27 ディナイディフェンス ………… 68
- 28 ピストルスタンス ………… 70
- 29 1on1ディフェンス ………… 72

速攻(そっこう)
- 30 速攻(そっこう)に向けたリバウンド ………… 74
- 31 スクリーンアウト ………… 76

コラム コーディネーションの重要性 ………… 78

第2章 ゲームを想定した実戦・練習メニュー

ディフェンス
- 01 スクリーンディフェンス …… 80
- 02 オフボールのスクリーン …… 82
- 03 ヘルプ／ローテーション …… 84

速攻
- 04 ツーメン …… 86
- 05 スリーメン …… 88
- 06 4人の速攻 …… 90

オフェンス
- 07 ハーフコートの2対2 …… 92
- 08 ハーフコートの3対3① …… 94
- 09 ハーフコートの3対3② …… 96
- 10 ハーフコートの3対3③ …… 98
- 11 ハーフコートの3対3④ …… 100

コラム 屋上から全国へ【8-203】からの始まり …… 102

第3章 試合に勝つための作戦

戦略・分析
- 01 フォーメーション …… 104
- 02 ポジションとメンバー交代 …… 106
- 03 相手チームの分析 …… 108

コラム イメージトレーニング …… 110

第4章 トレーニング

トレーニング
- 01 脚力をつけるトレーニング ……… 112
- 02 筋力をつけるトレーニング ……… 114
- 03 栄養補給 ……… 116

コラム 自分の心と向き合おう ……… 117

勝つためのチーム環境づくり

- 1 チームの結束力が弱いとき ……… 118
- 2 練習場所や時間に制限があるとき ……… 119
  - ①リバウンドの練習
  - ②ろう下での練習法
  - ③屋上での練習法
- 3 人数や体格に悩みがあるとき ……… 120
  - ジャンプ力を上げるためのトレーニング
  - ジャンプトレーニング①
  - ジャンプトレーニング②
- 4 部員のモチベーションが下がったとき ……… 122
  - ①キャプテンを中心に話し合い
  - ②控え選手がゲーム中に声出し

これだけは知っておきたい
バスケットボールの基礎知識 ……… 124

監修・学校紹介 ……… 126

> 勝てる！強くなる！

練習を始める前に
なりたい自分と弱点を知ろう

練習を始める前に、自分は何が苦手なのかを考えたり、チームの弱点はどこかを話し合ったりしてみよう。それがわかれば、どんな練習をすればよいかわかるはずだ。下の項目を確認して、自分のチームの傾向がわかったら、P.12～14を見て練習メニューを考えてみよう。

総合

1. どんな練習をどれくらいやればよいのかわからない。
2. 気がつけば、1日中同じ練習ばかりしてしまう。
3. 強豪校がどんな練習メニューを立てているのか知りたい。
4. 1日の中でどんな練習をすればよいかわからない。
5. 1週間の練習メニューの計画を立てたいけど、何から始めればよいかわからない。

➡ **1つ以上あてはまったらP.12の❶を見てみよう**

攻撃力アップ

1. 味方にパスしたつもりが、思わぬ方向に投げてしまった。
2. パスしてもカットされて、敵にボールを奪われてしまう。
3. なかなかパスがつながらず、フォーメーションをいかせない。
4. チームとして、試合中にボールを持っている時間が短い。
5. 自分や味方がシュートを打っても、ゴールに入らない。あるいは、止められてしまうことが多い。

➡ **2つ以上あてはまったらP.13の❷を見てみよう**

守備力アップ

1. 敵からなかなかボールを奪えない。
2. 敵がパスしたボールをカットしたが、弾いてどこかへとんでいってしまう。
3. チームとして連係プレーができず、あっさりと抜かれてしまう。
4. ディフェンスが、シュートのリバウンドを取ろうとすると、
   ボールを弾いて相手のボールになってしまう。

➡ **2つ以上あてはまったらP.13の❸を見てみよう**

トレーニング

1. もっと速いドリブルをしたいと思っている。
2. もっと試合でいっぱい走れるようになりたいと思っている。
3. バスケットボールをしていると、よくねんざや筋肉痛をおこす。
4. 試合までのコンディションの整え方がわからない。
5. チームとして、もっと体づくりに取り組みたい。

➡ **2つ以上あてはまったらP.14の❹を見てみよう**

---

1. バスケットボールを最近やり始めた。
2. 監督にオフェンス(ディフェンス)をまかされたけど、選手たちは
   オフェンス(ディフェンス)で求められる役割がわからない。
3. 練習中の部員のモチベーションが上がらず、
   どう対応すればよいかわからなくて、どきどきしたことがある。
4. 初めて試合に出ることになった。
   練習は欠かさずしているけど、勝てるか不安だ。

➡ **2つ以上あてはまったらP.14の
「作戦を立てよう」を見てみよう**

勝てる！強くなる！ 弱点を知って練習メニューを立てよう！

P.10〜11の質問には、いくつあてはまっただろうか？ 自分やチームが何を苦手としているか、少しわかったのではないのだろうか。このページでは、それに応じてどんな練習をすればよいか、モデルケースを紹介するので参考にしよう。

1 強豪校の練習メニューを参考にしよう

練習を始める際、何から始めてよいかわからないこともあるだろう。それに、強いチームがどんな練習をしているかも気になるところだ。強豪校・実践学園中学校の1日と、1週間の練習メニューをまずは見てみよう。

1日の練習メニューの例

40分
- ウォーミングアップ
- ディフェンスフットワーク
- ドリブル1対1
- ツーメンパス
- ディフェンスドリル*
（ドライブのカバー、ローテーションなども含む）
- コンビネーションオフェンスドリル
（3人の合わせ・5人の合わせ）

20分　5対5
30分　ラントレーニング
30分　トレーニング（体幹トレーニングなど）
　　　ストレッチ
　　　解散・ミーティング

※土・日など、体育館で練習ができるときは、シェービングドリルやドリブル練習、ミートからの1対1やピボットからの1対1、速攻練習などのメニューが増える。
＊ドリルとは、決められた形の練習を反復して行うこと。

1週間の練習メニューの例

月	休み、またはミーティング
火	1日の練習メニューと同じ
水	トレーナーによるトレーニング
木	ウォーミングアップ→ディフェンスネットワーク→ディフェンスドリル→5対5→以降は1日の練習メニューと同じ
金	1日の練習メニューと同じ
土	試合、または練習など
日	試合、または練習など

2 攻撃力アップの練習をしよう

　試合に勝つためには点を入れないといけない。いかにチーム内で連係してボールを運び、シュートを決めるかが重要となる。
　P.10の「攻撃力アップ」で1や2があてはまったら、ボールを次のプレーにつなげられるように、コントロールすることから始めよう。3や4があてはまったら、相手が望むところにボールを出すためのパスワークを練習するとよい。5があてはまったら、正確にタイミングよくシュートを決められるようにする練習をすることだ。

menu A 　1や2があてはまったら…ボールハンドリングを練習しよう
　　さまざまなドリブル、ドリブルキープ（P.18～33）➡
　　スリーメン（P.88～89）

menu B 　3や4があてはまったら…パス練習をしよう
　　パス（P.50～59）➡
　　ツーメン（P.86～87）

menu C 　5があてはまったら…シュート練習をしよう
　　シュート（P.34～49）➡ スリーメン（P.88～101）

3 守備力アップの練習をしよう

　勝つためには、攻撃を受けているときに点を取られないように守り、すぐに攻撃へと切りかえることが必要だ。ディフェンスのテクニックを磨こう。P.11の「守備力アップ」で1～3があてはまったら、味方と一緒にボールを奪うための練習をしよう。ボールをコントロールするためのカットも重要だ。4があてはまったら、リバウンドの練習をしよう。1人ではなくディフェンスとの連係プレーもおぼえよう。

menu A 　1～3があてはまったら…ディフェンスの練習をしよう
　　ディフェンス（P.60～73、80～85）

menu B 　4があてはまったら…リバウンドの練習をしよう
　　リバウンド（P.74～77）

4 トレーニングをしよう

　速いパスまわしをするにしても、速く走れるようになるにしても、まずは体づくりが必要だ。ボールを使った練習も大事だが、体をつくるためのトレーニングも同じくらい大事にしよう。P.11の「トレーニング」で1や2があてはまったら、筋力トレーニングをしよう。バスケットボールに必要な筋肉を、効率よくつけることができる。3や4があてはまったら、体をやわらかくするためのストレッチをして、ケガをしにくい体をつくろう。

menu A ▶ 1や2があてはまったら…筋力トレーニングをしよう
　　　　　脚力をつけるトレーニング（P.112～113）➡
　　　　　筋力をつけるトレーニング（P.114～115）

menu B ▶ 3や4があてはまったら…体づくりに取りくもう
　　　　　栄養補給（P.116～117）

作戦を立てよう

　バスケットボールを始めて間もない頃は、ポジションによってどういう役割があるか、わからないこともあるだろう。
　試合に勝つためにはチームの状況を知って作戦を練ることも重要。
　P.11の囲みで1や2があてはまったら、まずはどういうポジションやフォーメーションがあるかを知る。そこからチームがどういう状況にあるのかを理解できるようになろう。3や4があてはまったら、試合に出るための心構えや相手チームの分析をして勝つための方法を考えよう。

menu A ▶ 1や2があてはまったら…チームでの自分の役割を知ろう
　　　　　フォーメーション（P.104～105）➡ ポジションとメンバー交代（P.106～107）

menu B ▶ 3や4があてはまったら…勝つための方法を考えよう
　　　　　ポジションとメンバー交代（P.106～107）➡
　　　　　相手チームの分析（P.108～109）

第1章
基本技術と練習メニュー

01 基本姿勢

バスケットボールの練習における基本姿勢が身につく
パワースタンス

パワースタンスは、バスケットボールのすべての動きに共通する、基本的な姿勢だ。どんなときでもすばやくこの姿勢になれるよう、確実に身につけよう。

1 足を肩幅程度に開いて立ち、ひざを曲げる。腰は曲げない。

2 上半身は力を抜いて、背筋を伸ばす。

3 ひじは体の横で曲げ、指先は上に向ける。

4 足の親指のつけ根に体重をかけて立つと、すばやく動き出せる。

バスケットは高さ（ジャンプ）、速さ（ダッシュ）、強さ（パワー）が求められるスポーツ。その3つをすばやく発揮するためには、基本となる姿勢を身につけなければならない。それが「パワースタンス」だ。

両足は肩幅程度に開いて、足の親指のつけ根を意識して立つ。ひざはつま先よりも前に出ない程度に曲げて、上半身は背筋を伸ばしておこう。肩の力を抜いて、腕はいつでも伸ばせるように上げておく。

押されても倒れず、それでいて、笛などの合図ですぐに動き出せるように構えよう。

STEP 1 アップダウン

人数	2人	回数	4～5回×2セット
道具	なし	時間	3～5分

アップ、ダウンの姿勢を身につけるために、まずは手を上げないでやろう。

Point パワースタンスを意識する

1. 2人組になり、1人がパワースタンスをとる。パートナーの「アップ」のかけ声で、パワースタンスから立ち上がる。
2. パートナーの「ダウン」のかけ声で、パワースタンスから低い姿勢になる。
3. パートナーの「ハーフ」のかけ声で、すばやく正確なパワースタンスをとる。

STEP 2 1～2歩動いてからパワースタンスをとる

人数	2人	回数	3回×2セット
道具	ボール	時間	3～5分

ジャンプストップ（写真左）も、ストライドストップ（写真右）も、ボールはあごの下から胸元あたりに持つ。

Point 動きながらパワースタンス

1. パートナーが胸元にボールを出す。
2. 空中でボールを受け、両足で着地する（ジャンプストップ）。着地と同時にパワースタンスをとる。
3. 空中でボールを受け、片方の足ずつ着地する（ストライドストップ）。止まったときにパワースタンスをとる。

STEP 3 パワースタンスからピボット

人数	1人	回数	10回
道具	ボール	時間	1分

写真では、右足を軸にピボットをしている。左右の足どちらでもターンができるよう、繰り返し練習しよう。

Point パワースタンスを崩さない

1. 片方の足を軸に体の向きを変えるピボットをする。この動きもパワースタンスで。
2. 軸足を決めて、もう片方の足を軸足のなめ前に出す（フロントターン）。その際、ボールは腰の位置で持つ。
3. 軸足ではない方の足を引くように、背中側からターンをする（バックターン）。

02 ドリブル

左右どちらの手でも確実なドリブルができるようにする
ドリブルの基本

ディフェンスを抜くためには、きき手とそうではない手で、同じくらい上手にボールを扱えることが大切。ボールを2つ使ってドリブルの練習をしよう。

1 ボールを見ずに、顔は正面を向く。

2 両手で同時に2つのボールをつく。このとき、強くつくことを意識する。

3 はね返ってきたボールは、指先でコントロールする。手のひらはつけない。

ドリブルは、きき手を中心に練習してしまいがち。だが、きき手ではない方の手でも、きき手と同じくらい上手にドリブルができないと、試合では敵にすぐボールを奪われてしまう。

ドリブルの練習をするときは、ボールを2つ使うと効果的だ。パワースタンスを崩さずに、2つのボールを同時に強くつこう。

つく高さ・速さが、左右の手でバラバラにならないよう、同じ強さでついてボールをしっかりコントロールすることが大切だ。ボールを見ずにドリブルができるようにすることを目標にしよう。

STEP 1　高いドリブル⇔低いドリブル

人数	1人	回数	10回〜
道具	ボール2個	時間	3〜5分

ドリブルの高さを少しずつかえていこう。

Point　高さをかえてドリブル

1. パワースタンスをとり、両手に1つずつボールを持つ。
2. 頭の横あたりからボールを強くつく。初めは頭の横で受け、ボールを受ける位置を少しずつ下げていく。
3. ドリブルがひざの位置あたりまで下げたら、そこから少しずつ上げていく。

STEP 2　左右の手で交互につく

人数	1人	回数	10回〜
道具	ボール2個	時間	3〜5分

左右交互にドリブルをし、ボールを扱う感覚を身につけよう。

Point　左右の手で別の動きをする

1. パワースタンスをとり、左手でボールをつく。このとき、右手のボールはまだ手の中にある。
2. はね返ってきたボールを左手で受けると同時に、右手でボールをつく。そのあとは、左右交互にドリブルする。
3. ドリブルの高さをかえながら行う。

STEP 3　左右ちがうリズムでドリブル

人数	1人	回数	10回〜
道具	ボール2個	時間	3〜5分

左右の高さ・リズムを入れかえよう。ドリブルを指先でコントロールすることを意識する。

Point　ちがうリズムでコントロール

1. パワースタンスをとる。片方の手で高くて強いドリブルをし、もう一方は低くて速いドリブルをする。
2. 高いドリブルを1回する間に、低いドリブルを2〜3回するというように、左右のリズムが異なるドリブルをしよう。
3. 左右のリズムを入れかえて練習する。

第1章　基本技術と練習メニュー

03 ドリブル

スピードに乗ったままボールをコントロールする
スピードドリブル

スピードに乗ったドリブルができれば、相手を抜きやすくなる。自分のスピードを知り、それに合わせて、ボールをうまくコントロールしよう。

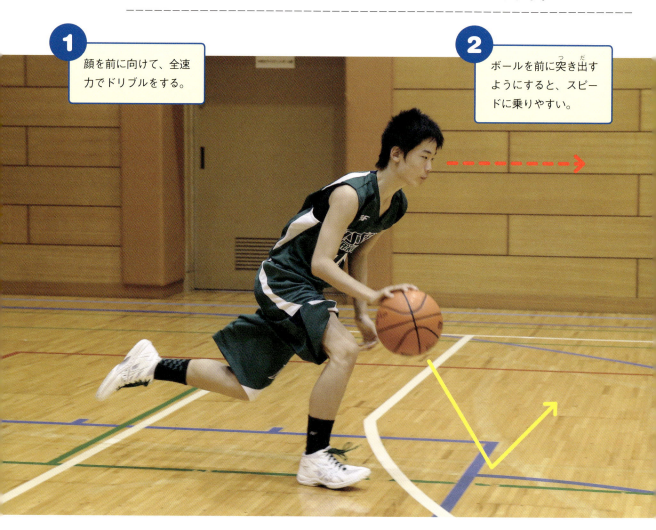

1 顔を前に向けて、全速力でドリブルをする。

2 ボールを前に突き出すようにすると、スピードに乗りやすい。

　試合のとき、ドリブルはその場ですることもあるが、たいていはボールを移動させるときに使う。ディフェンスとの距離が開いていて、ゆっくり運べるような場合、ドリブルは比較的簡単だが、速攻やドライブ（→P.125）などで、スピードに乗った速いドリブルが必要なときには難易度がぐっと上がる。

　練習はまず、自分の全速力を知ることから始めよう。それにドリブルをつけたとき、ボールをうまくコントロールすることが大切。スピードに乗ったドリブルは、ボールを少し前に突き出すようにするとうまくできる。

STEP 1　オールコート・ドリブル3回シュート

人数	1人	回数	1往復×2セット
道具	ボール	時間	3〜5分

ドリブルを前に突き出すことで、スピードに乗れる。スピードに乗る練習なので、ディフェンスはつけない。

Point　ボールを前に突き出す

1. エンドライン（コートの端）に立ち、ボールを力強く前へ突き出して、全速力で追いかける。
2. 同じドリブルを3回行い、端から端まで移動する。
3. レイアップシュート（→P.40）を打つ。

STEP 2　スピードに変化をつける

人数	2人	回数	1往復
道具	ボール（コーン）	時間	3〜5分

オフェンスに相手を抜くイメージをつける練習。人のかわりにコーンを置いて練習してもよい。

Point　スピードの強弱で相手を抜く

1. エンドラインからスピードドリブルをする。フリースローライン上にいる相手の前でスピードをゆるめる。
2. 相手が近づいてきた瞬間、ボールを力強く前に突き出して抜き去る。
3. センターライン、逆サイドのフリースローラインでも同じ動きをする。

STEP 3　小刻みなステップで惑わす

人数	2人	回数	コート1往復
道具	ボール（コーン）	時間	3〜5分

ハーキーステップのときにボールを下から支えると、ダブルドリブルというバイオレーション（→P.125）になるので注意しよう。

Point　ディフェンスとの駆け引き

1. エンドラインからスピードドリブルをする。相手の前でスピードをゆるめ、ハーキーステップ（小刻みな足踏み）を踏む。
2. 相手が近づいてきた瞬間、ボールを力強く前に突き出して抜き去る。
3. センターライン、逆サイドのフリースローラインでも同じ動きを練習する。

第1章　基本技術と練習メニュー

04 ドリブル

体の前でドリブルをする手をかえて、方向転換をする
フロントチェンジ

フロントチェンジは、ドリブル中に方向転換をするためのテクニックの1つで、最も基本的で、最も使うことが多い。しっかり身につけよう。

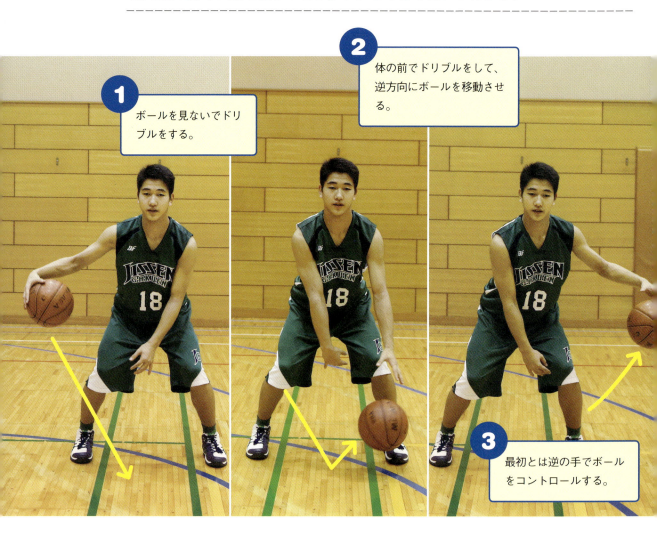

1 ボールを見ないでドリブルをする。

2 体の前でドリブルをして、逆方向にボールを移動させる。

3 最初とは逆の手でボールをコントロールする。

試合中、オフェンスが自由にドリブルをさせてもらえることは、ほとんどない。そこで身につけておきたいのが「ドリブルチェンジ」だ。ドリブル中に方向転換をするテクニックで、さまざまなやり方がある。

その基本であり、最も使うことが多いのが、「フロントチェンジ」だ。体の前で低いドリブルをして、右から左、もしくは左から右にドリブルをする手をかえて、相手のすきをねらおう。ドリブルチェンジの方法はほかにもあるが、フロントチェンジはスピードを落とさずにできるのが魅力だ。

STEP 1　低いフロントチェンジ

人数	1人	回数	1往復
道具	ボール	時間	3〜5分

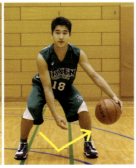

指先を使いボールを低くコントロールしよう。移動したボールを受けるときに、相手を見るために前を向く。

Point　手首のスナップと指先で操る

1. エンドラインからドリブル。フリースローラインでジャンプストップ後、その場で低いフロントチェンジを5回する。
2. ドリブルでさらに進み、センターラインで同じ動きをする。
3. 1と逆サイドのフリースローラインで同じ動きをし、逆サイドのエンドラインへ。

STEP 2　スピードドリブルからフロントチェンジ

人数	2人	回数	1往復
道具	ボール(コーン)	時間	3〜5分

ディフェンスは動かないので、かわりにコーンを置いてもよい。

Point　スピードを落とさない

1. エンドラインからスピードドリブル（→P.20）を始める。
2. フリースローライン上にいる相手の前で、スピードをゆるめずにフロントチェンジをする。相手は立っているだけでよい。
3. センターライン、逆サイドのフリースローラインでも同じ動きをする。

STEP 3　ハーキーステップからフロントチェンジ

人数	2人	回数	1往復
道具	ボール(コーン)	時間	3〜5分

小刻みなステップからフロントチェンジをするためにひざの高さでボールを受け、すぐに逆方向へドリブルする。

Point　相手に進む方向を読ませない

1. エンドラインからスピードドリブル。
2. フリースローライン上にいる相手の前でスピードをゆるめ、ハーキーステップ（小刻みな足踏み）を踏んだあと、フロントチェンジでディフェンスを抜く。センターライン、逆サイドのフリースローラインでも同じ動きをする。

05 ドリブル

裏を突くドリブルチェンジで、相手を抜く
インサイドアウト（チェンジ）

ドリブルチェンジは普通、方向をかえるために行う。だが、その裏を突いて、方向転換をしないドリブルチェンジもある。それがインサイドアウトだ。

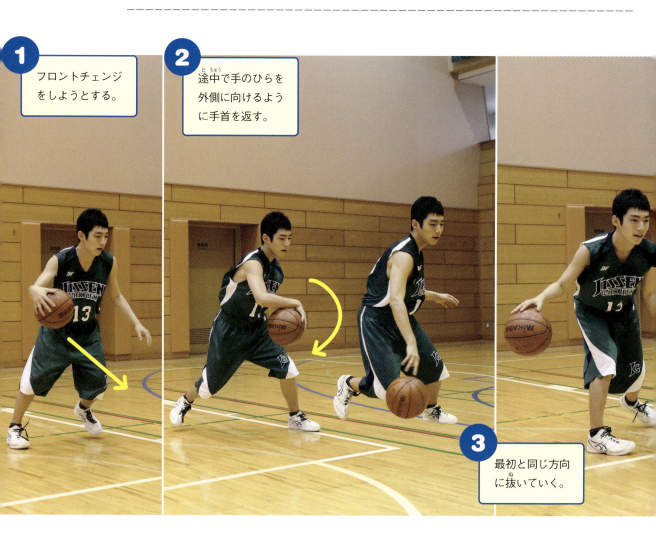

1 フロントチェンジをしようとする。

2 途中で手のひらを外側に向けるように手首を返す。

3 最初と同じ方向に抜いていく。

　状況に応じて、さまざまなドリブルチェンジが使えると、よりディフェンスを抜きやすくなる。インサイドアウトは、速攻など、スピードに乗ったドリブルをしているときに有効なテクニックだ。フロントチェンジの動き出しと似ているため、ディフェンスがフロントチェンジだと読んで、先回りをしようとしたときに使うと効果的だ。

　やり方は、フロントチェンジをする途中で手首を返し、体の外側にドリブルをするだけ。方向転換をせずに、初めと同じ方向に進んでいくシンプルなドリブルだ。

STEP 1 速いドリブルからインサイドアウト

人数	2人	回数	1往復
道具	ボール	時間	3～5分

ディフェンスがどう反応するか、目線をよく見る。ディフェンスはフリではなく、本気でとりにいく（STEP2・3も同様）。

Point ディフェンスの動きをよく見る

1. エンドラインからドリブル。フリースローライン上にいるディフェンスの前で、インサイドアウトをする。
2. ドリブルする手をかえてさらに進み、センターラインで同じ動きをする。
3. 1と逆サイドのフリースローラインで同じ動きをし、逆サイドのエンドラインへ。

STEP 2 ハーキーステップからインサイドアウト

人数	2人	回数	コート1往復
道具	ボール	時間	3～5分

かかとやつま先だけでなく、足裏全体を床につけてハーキーステップを行おう。

Point 駆け引きをしてから使う

1. エンドラインからドリブルを始めて、フリースローライン上にいるディフェンスの前でハーキーステップを踏む。
2. ディフェンスの動きを見ながら、フロントチェンジの動き出しをする。
3. ディフェンスが動き出したら、インサイドアウトで抜いていく。

STEP 3 インサイドアウトからクロスオーバー

人数	2人	回数	コート1往復
道具	ボール	時間	3～5分

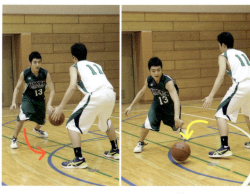

インサイドアウトは、フェイントに使うこともできる。

Point 連続でドリブルチェンジ

1. ディフェンスの前でインサイドアウトをする。
2. ディフェンスはインサイドアウトに対応し、進行方向をふさぎにいく。
3. ドリブルをする手をかえずに、ボールを逆方向のななめ前に突き出して（クロスオーバー）、ディフェンスを抜く。

第1章 基本技術と練習メニュー

06 ドリブル

体のうしろにボールを通して、ドリブルチェンジ
バックビハインド（チェンジ）

ドリブルチェンジは体の前だけでするものではない。体のうしろを通すドリブルチェンジを身につけよう。背中のうしろで行う感覚をつかむことが大切。

左右の肩の背中側にある肩甲骨を引くようにして、ボールを体よりうしろに下げる。手首のスナップをきかせて、ボールを背中側からななめ前に突き出す。

うしろから見た図

　ドリブルチェンジは、体のうしろでもできる。ディフェンスとの距離が近いときやディフェンスがスティール（→P.125）をねらいにとび出てきたときには、体のうしろを通すバックビハインドが有効だ。

　ディフェンスが手を出しにくい背中側にボールを通すことで、スティールがされにくく、スピードに乗ったまま方向転換ができる。

　試合ではディフェンスと向き合うことが多いので、ディフェンスとの距離や、ディフェンスの動きなどによって、さまざまなドリブルチェンジを使い分けられるようにしておこう。

STEP 1　その場でバックビハインド

人数	1人	回数	10～20回
道具	ボール	時間	1～2分

手首や肩を柔軟に使って、何度もできるようにする。

Point　ボールを見ずに背中側で操る

1. 片方の手で、その場で何度かドリブルをして、リズムをつくる。
2. 左右の肩の背中側にある肩甲骨を引き、背中側のお尻の下あたりでドリブルチェンジをする。
3. ボールを見ないで、指先の感覚を頼りに、連続して行う。

STEP 2　スピードドリブルからバックビハインド

人数	2人	回数	コート1往復
道具	ボール	時間	3～5分

相手がドリブルをカットしようと手を出してきたら、バックビハインドでかわそう。

Point　バックビハインドのタイミング

1. エンドラインからスピードドリブルをする。フリースローライン上にいるディフェンスのところまで進む。
2. ボールを取りにくるディフェンスを、バックビハインドでかわす。
3. センターライン、逆サイドのフリースローラインでも同じ動きをする。

STEP 3　2ボールドリブルをしながらドリブルチェンジ

人数	1人	回数	コート1往復
道具	ボール2つ	時間	3～5分

両手をうまく使って、ボールをコントロールしよう。

Point　2つの技の組み合わせ

1. エンドラインから、2つのボールを同時につくドリブルで前に進む。
2. 片方の手でバックビハインド、もう一方の手でフロントチェンジをする。
3. 反対側のエンドラインまで進んだら、同じ動作をしながら戻ってくる。

07 ドリブル

体でボールを守るように、回転しながら行う
バックロール

自分の体をボールとディフェンスの間に入れれば、ドリブルは奪われない。ボールを守りながら、体全体で回転するドリブルチェンジを身につけよう。

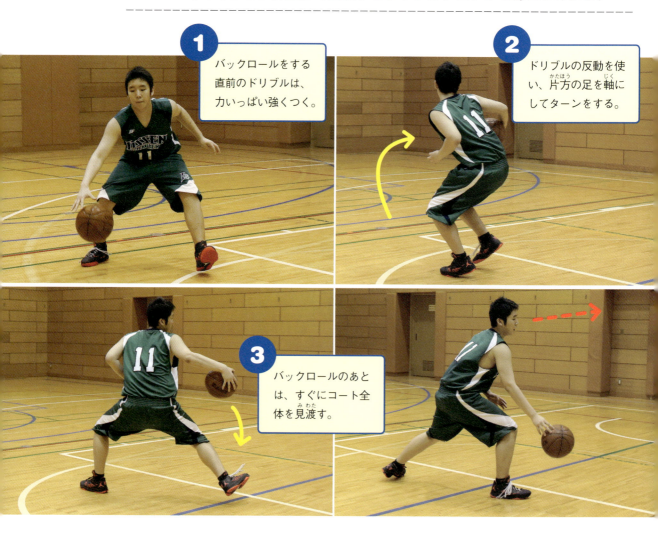

1 バックロールをする直前のドリブルは、力いっぱい強くつく。

2 ドリブルの反動を使い、片方の足を軸にしてターンをする。

3 バックロールのあとは、すぐにコート全体を見渡す。

ディフェンスがボールを奪いにくるときや、バックビハインド（→P.26）ができる姿勢がとれないときには、この技が有効。回転する直前のドリブルを、強くつくのがポイント。

すばやくターンをしたら、すぐにドリブルする手を入れかえ、まわりの状況を確認するために顔を上げる。

バックロールは、一度、うしろを向くので、前の状況が見えにくくなる。まわりにディフェンスがたくさんいるときには、なるべく使わないほうがよい。まわりのスペースを事前に見ることも大切だ。

STEP 1　ディフェンスをつけてバックロール

人数	2人	回数	3回
道具	ボール	時間	3〜5分

ゆっくりとしたスピードで、回る感覚を身につけよう。

Point 抜く感覚を身につける

1. エンドラインからゆっくりとしたスピードでドリブルをする。
2. フリースローライン上にいるディフェンスの前で、バックロールをする。
3. センターライン、逆サイドのフリースローラインでも同じ動きをする。

STEP 2　スピードドリブルからバックロール

人数	2人	回数	1往復
道具	ボール	時間	3〜5分

スピードに乗ったドリブルでもうまく回ろう。手首を返して、ボールが逃げないように巻き込む。

Point 全速力でバックロール

1. エンドラインから全速力でスピードドリブルをする。
2. フリースローライン上にいるディフェンスの前で、バックロールをする。
3. センターライン、逆サイドのフリースローラインでも同じ動きをする。

STEP 3　2ボールドリブルでバックロール

人数	2人	回数	1往復
道具	ボール	時間	3〜5分

2つのボールを使って、コントロール力を上げる。

Point 2つのボールでもしっかり操る

1. エンドラインから、2つのボールを同時につくドリブルで前に進む。
2. 両方のボールを強くつく。その反動でボールを2つ同時に持って、バックロールをする。
3. 方向転換をして、また前に進む。その動きでコートを端から端まで1往復する。

08 ドリブル

股の間にボールを通すドリブルチェンジ
レッグスルー

ディフェンスとの距離が近いときにおすすめのドリブルチェンジが、レッグスルーだ。股の間にボールを通して、すばやく方向転換ができる。

1 股を前後に開いて、その間に低いドリブルをすばやく通す。

2 顔を上げて、まわりの状況を見ておこう。

　レッグスルーは、股の間にボールを通して行うドリブルチェンジだ。ディフェンスとの距離が近いときに有効だ。

　ボールを自分の体の下に通して、ややうしろに下がるようなドリブルなので、ディフェンスにとられにくい。

　また、顔を前に向けたままドリブルを続けることができるので、まわりを見ながら、次の動作にすばやく移ることができる。

　ただし、股の間というせまい空間にボールを通すので、しっかりとしたボールコントロールが必要になる。

STEP 1 その場で連続レッグスルー

人数	1人	回数	10～20回
道具	ボール	時間	1～2分

Point リズムよく足を前後に

1. ボールを右手に持つ。左足を前に出すと同時に、レッグスルーを行う。
2. ボールが左手に移ったら、すばやく右足を前に、左足をうしろに入れかえる。足を入れかえると同時に、左手でレッグスルーを行う。

リズムをつかむと、連続でできるようになる。

STEP 2 スピードドリブルからレッグスルー

人数	2人	回数	1往復
道具	ボール	時間	3～5分

Point タイミングと距離感(きょりかん)をつかむ

1. エンドラインからスピードドリブルをする。フリースローラインにいるディフェンスに向かって、真っすぐ進む。
2. 動きについてこようとするディフェンスを引きつける。
3. タイミングよくレッグスルーをして、急な方向転換(ほうこうてんかん)でディフェンスを抜(ぬ)く。

センターライン、逆サイドのフリースローラインでも、同じ動きを練習する。

STEP 3 レッグスルーからバックロール

人数	2人	回数	1往復
道具	ボール	時間	3～5分

Point 連続してドリブルチェンジ

1. ディフェンスの前でレッグスルーをして、抜(ぬ)こうとする。ディフェンスはその動きについていく。
2. ボールを受けた手で、すぐにバックロールをしてディフェンスを抜(ぬ)く。どちらの手でも、どちらの方向にでもスムーズにできるようにしよう。

これまでに出てきたドリブルチェンジをすべて使い、有効な組み合わせを考えてみよう。

09 ドリブル

ドリブルのときにボールを奪(うば)われない
ドリブルキープ

ドリブルをしているとき、ディフェンスがボールをねらって近づいてきても、しっかりとボールを守れる姿勢(しせい)を身につけよう。

1 パワースタンス(→P.16)でしっかりと構える。

2 ディフェンスから遠い手でドリブルをする。

3 ディフェンスに近い手で壁(かべ)をつくり、こぶしは握(にぎ)る。

ディフェンスに向き合ってドリブルをすると、ボールをとられやすい。ボールを奪われないために大切なのは、パワースタンスをとって、相手に押(お)し負(ま)けないことだ。そのうえで体を少し横に向けて、ディフェンスから遠いほうの手でドリブルしよう。

ディフェンスに近いほうの手は、ひじを曲げてこぶしを握(にぎ)り、「これ以上は近づかせない」という壁(かべ)をつくること。ただし、ディフェンスにふれたときに、ひじを伸(の)ばして押(お)すとファウルになるので、注意しよう。

STEP 1 バランスボールで押されながら、ドリブルキープ

人数	2人	回数	2〜3回
道具	ボール、バランスボール	時間	20秒

重心を低くして踏ん張りながら、しっかりとドリブルキープをする。

Point 押し負けないように踏ん張る

1. ディフェンスは、やわらかいバランスボールでオフェンスを押していく。
2. オフェンスは、左ページで紹介したドリブルキープの基本姿勢をとり、押し負けないように踏ん張る。同時に、ディフェンスから遠いほうの手でドリブルを続ける。

STEP 2 ディフェンスをつけてキープ

人数	2人	回数	2〜3回
道具	ボール	時間	20秒

ディフェンスが手を出してきてもあわてないようにする。

Point 腕の壁で近寄らせない

1. ドリブルキープの基本姿勢をとる。
2. ディフェンスはオフェンスに接近し、チャンスがあればボールを奪う。
3. オフェンスは、押し負けないようにしっかりと踏ん張り、ドリブルを続ける。

STEP 3 ドリブルタッグ
（センターサークルを使ったドリブル相撲）

人数	2人	回数	なし
道具	ボール2個	時間	20秒

体全体を上手に使えると、ボールのキープ力が向上する。

Point カットよりも守ることを意識

1. センターサークルに入り、スタートの合図で、2人ともドリブルを始める。
2. お互いが、相手のボールをサークルの外に出すように動く。相手がボールをねらってきたら、すばやくドリブルキープの姿勢で守る。
3. ボールがサークルの外に出たら負け。

第1章 基本技術と練習メニュー

10 シュート

正しいシュートフォームを身につける
セットシュート

シュートを正確に決めるためには、正しいシュートフォームで打つことが大切。慣れないうちはきゅうくつかもしれないが、繰り返し練習して身につけよう。

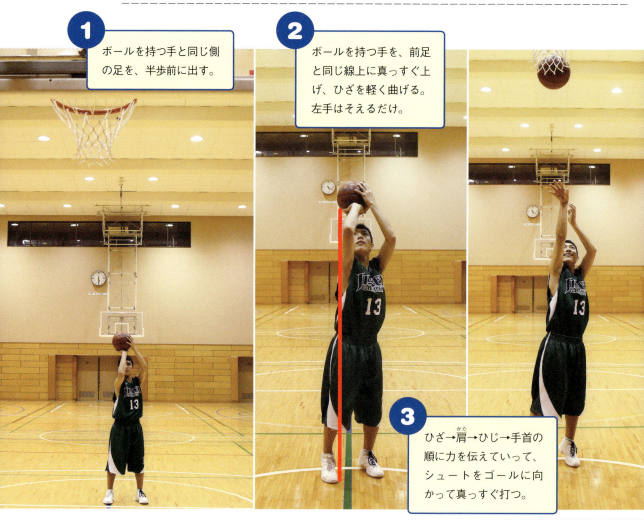

1 ボールを持つ手と同じ側の足を、半歩前に出す。

2 ボールを持つ手を、前足と同じ線上に真っすぐ上げ、ひざを軽く曲げる。左手はそえるだけ。

3 ひざ→肩→ひじ→手首の順に力を伝えていって、シュートをゴールに向かって真っすぐ打つ。

シュートフォームで一番のポイントは、「ゴール」「前足」「ボールを持った腕」の3つを、一直線にすることだ（これを「シューティングライン」と呼ぶ）。シューティングラインに対して、真っすぐボールを出していけば、シュートは真っすぐにとぶ。

ひじを90度にしたまま、肩甲骨を使って腕を前後に動かす練習をしよう。肩の関節をよく動かすのがポイント。

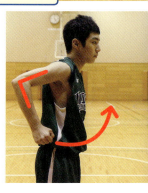

STEP 1 ボールを持つ腕のセット方法

人数	1人	回数	1回～
道具	ボール	時間	3～5分

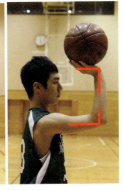

ボールの正しい持ち方を身につけよう。

Point 正しい位置にボールをセット

1. 腕を真っすぐ前に伸ばして、手のひらでボールを持つ。
2. ボールが落ちないように手首を返しながら、ボールを持つ手を真っすぐ上げていく。
3. ひじと手首が90度に曲がるところまで、ボールを持っている手を下ろす。

STEP 2 真上に向かってシュート

人数	1人	回数	5回
道具	ボール	時間	1～2分

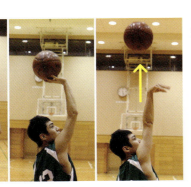

ボールを離す感覚を身につける。ボールに回転をかけよう。

Point 手首のスナップをきかせる

1. STEP1の要領で構える。
2. 腕を、肩→ひじの順番で伸ばして、真上に上げていく。
3. 手首のスナップを利用して、ボールを真上にとばす。ボールは、爪と指先の境目あたりで離す。

STEP 3 ゴール下のシュート

人数	1人	回数	3か所×5本
道具	ボール、ゴール	時間	入るまで

近い距離のシュートから練習を始め、少しずつ離れていく。

Point 最初はゴールの近くから

1. ゴール下に立ち、STEP2の要領で片方の手でシュートを打つ。
2. バックボードを使わず、ゴールに直接入れる。
3. ゴールの左右と正面の3か所で、それぞれ5本入るまで打つ。

第1章 基本技術と練習メニュー

11 シュート

ブロックされにくいシュートをおぼえる
ジャンプシュート

正しいシュートフォームを身につけたら、実際の試合で役立つジャンプシュートにチャレンジだ。真上にとぶ力を利用して、より楽にシュートを打とう。

1 ゴールに真っすぐ向かって、真上にとぶ。

2 とぶ力を利用して、シューティングラインに対して真っすぐ腕を伸ばしていく。

左手はそえるだけ

3 ボールを離した腕は伸ばしておき、戻すときはシュートを打つ動作と同じ軌跡にする。

　ジャンプシュートを身につけるためには、前からパスを出してもらい、そのボールを受けて、シュートを打つ練習をするとよい。ボールを受けるときは、必ずひざを曲げておいて、低い姿勢をとろう。ボールを受けてからひざを曲げるのでは遅く、実戦では役に立たない。

　低い姿勢でボールを受けたら、フォームを崩さないように真上にとび上がる。とび上がりながら、シューティングラインに対して真っすぐに腕とボールを上げていく。最後は爪と指先の境目でボールを離す。繰り返し練習し、動きを体に染み込ませよう。

STEP 1　その場で数回ジャンプしてシュートを打つ

人数	1人	回数	3回～
道具	ボール、ゴール	時間	なし

その場で何度かとぶことで、リズムをつくる。

Point　とんで打つ感覚を身につける

1. ゴールの近くでシュートフォームを構える。
2. シュートフォームを保ったまま、その場で軽く3回くらい、真上にとぶ。
3. 最後は、真上にとぶ力を利用して、真っすぐゴールに向かってシュートを打つ。

STEP 2　パスを受けてジャンプシュート

人数	3人	回数	なし
道具	ボール、ゴール	時間	30秒

シュートを打つまでの基本のステップを身につけよう。

Point　ゴールに向かって踏み込む

1. ウイング（→P.124）からコーナーに走り込み、パスを受ける。
2. 右方向に動くときは、左足→右足の順番で足を踏み込む。ボールは、1歩めと2歩めの間にキャッチする（STEP3も同様）。
3. 真上にとんで、ジャンプシュートを打つ。

STEP 3　逆のステップからジャンプシュート

人数	3人	回数	なし
道具	ボール、ゴール	時間	30秒

バランスを崩さないように、しっかり止まろう。

Point　1歩めの足をゴールへ

1. STEP2とは逆に、「右足→左足」の順番で足を踏み込み、ボールを受ける。
2. 1歩めの足（右足）のつま先をしっかりゴールに向けておくのがコツ。
3. ステップがかわっても、真上にとんでジャンプシュートを打とう。

12 シュート

ボールを受けて、シュートを打つ
ミートシュート

実際の試合でも、パスを受けてシュートを打つ機会は多い。パスを受けてから、すばやく、確実にジャンプシュートを決められるようになろう。

1 ボールに向かって真っすぐに走り込む。

2 パスを受けたら、体をゴールの正面に向ける。

3 真上にとんで、ジャンプシュートを打つ。

　味方からのパスを受けるために、ボールに向かっていきながら、2歩のステップを使ってボールを受けることを「（ボール）ミート」と呼ぶ。パスを受ける技術の中で、大切なテクニックの1つだ。ミートがうまくできれば、そのままジャンプシュートを打つことができる。

　試合の多くの場面で使われるシュートが、ミートからのジャンプシュートだ。ディフェンスを振り切り、ボールを受けたらすばやく打つこのシュートの成功確率が、試合の勝敗を左右する。大切なのは、ボールをミートする際に、しっかりとゴールに真っすぐ向くこと。

STEP 1　横からパスを受けてシュート

人数	4人～全員	回数	20本入れるまで
道具	ボール、ゴール	時間	2～3分

パスを受けるとき、ボールから遠いほうの足を1歩めにして、強く踏み込む。

Point　ミートと同時にゴールに向く

1. コートの両ウイングに並んで、片方がパスを出し、もう一方はフリースローラインの真ん中くらいでパスを受ける。
2. 右足→左足、もしくは左足→右足の順番でミートする。2歩めを踏み込んだとき、つま先や体をゴールに真っすぐ向ける。
3. 真上にとび上がってジャンプシュート。

STEP 2　シュートフェイクからドリブル、ジャンプシュート

人数	4人～全員	回数	20本入れるまで
道具	ボール、ゴール	時間	3～5分

シュートフェイクは試合でも使えるテクニックだ。

Point　リズムをかえてシュート

1. STEP1の要領でミートしたら、シュートを打つふり（シュートフェイク）をする。
2. 自分が最初にいたほうに1回だけドリブルをする。
3. しっかりと止まって、ジャンプシュートを打つ。

STEP 3　前を切って、ドリブル、ジャンプシュート

人数	4人～全員	回数	20本入れるまで
道具	ボール、ゴール	時間	3～5分

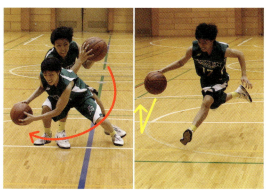

相手を振り切るイメージで、すばやく切り返そう。

Point　ボールをすばやく逆方向へ

1. STEP1の要領でミートして受けたボールを、床すれすれの低いところを通して移動させる。
2. ボールを移動した方向に、1回だけドリブルをつく。
3. しっかりと止まって、ジャンプシュートを打つ。

第1章　基本技術と練習メニュー

13 シュート

一番基本的なシュートを身につける

レイアップシュート①

バスケットの一番基本的なシュートが「レイアップシュート」だ。簡単なテクニックだが、正しく身につけることで、より確実に点が取れるようになる。

1 ゴールに向かって、力強くステップを踏む。1歩めはシュートする手と同じ側の足で踏み出す。上半身はリラックスさせておく。

2 2歩めでジャンプして、1歩めに踏み込んだ足のひざを高く引き上げる。

3 バックボードをうまく使って、ボールを「置く」イメージで離す。

シュートは、ゴールに近いところで打ったほうが、決まる可能性が高い。なかでもレイアップシュートは、ディフェンスを振り切ったあとに使うことが多いテクニックなので、決まる可能性が一番高いシュートとなる。つまり一番基本的なシュートといえる。

1、2歩めのステップをしっかり踏んで、真上にとび上がる。このとき、1歩めに踏み込んだ足のひざを上にぐっと引き上げて、高くとぼう。ボールはゴールに「置く」イメージで、軽く離すとよい。きき手だけではなく、逆の手でも同じように打てるようにしよう。

STEP 1　パスを受けてレイアップシュート

人数	2人〜	回数	1人2回×左右
道具	ボール、ゴール	時間	5〜6分

Point パスのタイミングに合わせる

1. スリーポイントラインの1mぐらいうしろから走り出し、少し前にパッサー（→P.125）からパスを出してもらう。胸の高さがよい。
2. トラベリング（→P.125）に注意しながら、しっかりとステップを踏む。
3. 高くとび上がって、レイアップシュート。

ボールをよく見て、パスを受ける。1歩めの足のひざを強く引き上げて、高くとぼう。

STEP 2　バックボードを使わないレイアップシュート

人数	1人〜	回数	1人2回×左右
道具	ボール、ゴール	時間	5〜6分

Point ボールを浮かせてゴールへ

1. ゴール正面のセンターライン上からドリブルを始め、レイアップシュートを打つ。
2. ボールをゴールの真上から落とすイメージで、少し浮かすようにして離す。
3. バックボードを使わずに決められるようになるまで練習を繰り返す。

ボールを指先でうまくコントロールしよう。ボールのハンドリングと、集中力が大切。

STEP 3　ジグザグ・ステップ

人数	1人	回数	1人2回×左右
道具	ボール、ゴール	時間	5〜6分

Point ステップに変化をつける

1. センターラインからドリブルし、1歩めはフリースローレーンと、スリーポイントラインの間に踏み込む。
2. 2歩めがコートの内側に入るようにステップを踏む。
3. もう一度、コートの外側にとぶようにして、レイアップシュートを打つ。

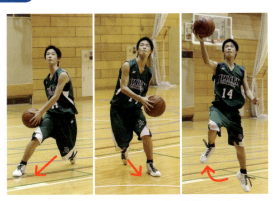

ステップで相手をかわすイメージで練習しよう。

第1章　基本技術と練習メニュー

14 シュート

さまざまなシュートテクニックを身につける
レイアップシュート②

実戦を想定して、普通のレイアップシュート以外にも、さまざまなレイアップシュートのテクニックを身につけておくと便利だ。

1 背の大きいディフェンスが目の前にいる状況をイメージし、スピードを少しゆるめる。

2 レイアップシュートのステップを踏みながら、シュートを打つフォームに構える。

3 ボールをコントロールしながら、正確なシュートを打つ。

　レイアップシュートは、ゴールの近くで、しかも多くの場合、ノーマークで打つため、決まる確率が高い。しかし、ほかのディフェンスがヘルプ（味方を助ける動き）にきたときに、普通のレイアップシュートでは決められないこともある。

　そこで必要になるのが、シュートのバリエーションだ。得点のチャンスを確実にものにするために、さまざまなシュートの打ち方をおぼえよう。上の写真は「クローズアップシュート」と呼ばれ、背の高い選手が前にいるとき、その上を越すように高く放り上げるシュートだ。

STEP 1 パワーレイアップ

人数	1人	回数	1人2回×左右
道具	ボール、ゴール	時間	5〜6分

力強く進んで、シュートはやわらかく打つ。いろいろな距離で練習しよう。

Point 体の幅をいかす

1. センターラインから、ゴールに向かってドリブルする。バックボードを正面に見て立ち、両足を強く踏み込む。
2. ディフェンスが自分の横にいるとイメージする（コーンを置いてもよい）。自分の体の幅で、ボールをディフェンスから守るようにして、シュートを打つ。

STEP 2 ギャロップステップ

人数	1人	回数	1人2回×左右
道具	ボール、ゴール	時間	5〜6分

ディフェンスが2人いるとイメージして、空中で体の向きをかえて、ゴール下にとび込もう。

Point ディフェンスの間を割って入る

1. センターラインからドリブルする。ゴールに近づいたら、ボールを強くつくと同時に軽くとび上がる。
2. 浮いたボールを両手でつかむ。体を空中でひねりながら、ボールをコントロールし、ディフェンスの横をすり抜ける。
3. 両足で着地し、レイアップシュート。

STEP 3 フローターシュート

人数	2人	回数	1人2回〜
道具	ボール、ゴール	時間	3〜5分

ゴールとの距離感を意識して、ゴールリングの真上からボールが落ちるイメージで打つ。手首のスナップをあまりきかせずにシュートする。何度も練習しよう。

Point 大きいディフェンスの上を越す

1. ゴール前にディフェンスを立たせる。オフェンスは、センターラインからゴールに向かってドリブルする。
2. オフェンスは、ディフェンスが近づいてきたらボールを高く放り上げて、ディフェンスのブロックの上を越すシュートを打つ。ゴールリングを直接ねらおう。

15 シュート

ゴールの反対側からもシュートを決める
バックシュート

レイアップシュートは、ゴールと向き合った状態で打つだけではない。ときにはゴールを通り越して、うしろ向きに打つこともある。

1 ゴールのほぼ真下まで入り込む。

2 ゴールを通り越すようにとび上がる。

3 ゴールを通り越したところで、ボールをうしろに送るようにしてシュートを打つ。

バスケットボールの試合では、状況が次々にかわっていく。シュートをねらうようなときにも、状況は一瞬にして変わる。さまざまな状況に合わせて、最適な打ち方を選ぶことが大切になる。

ゴールまでの距離が近く、普通のレイアップシュートを打つのが難しいときは、ゴールを通り越して打つバックシュートを選ぼう。ディフェンスのタイミングの裏をかくことができる。ゴールがうしろにある状態なので、ボールに回転をかける必要がある。手首をうまく使って、バックシュートを打とう。

STEP 1 バックボードから遠いほうの手で打つ

人数	1人	回数	1人2回×左右
道具	ボール、ゴール	時間	5～6分

ボールの回転とリングを最後まで見てコントロールする。

Point ボールをコントロールする

1. センターラインから、リングに対してななめにドリブルしていき、ゴールのほぼ真下で踏み切る。
2. バックボードから遠い方の手でシュート。
3. 手首を地面と平行になるぐらい返してボールに回転をかけ、バックボードのリングになるべく近いところに当てる。

STEP 2 バックボードに近いほうの手で打つ

人数	1人	回数	1人2回×左右
道具	ボール、ゴール	時間	5～6分

手首をうまく返して、正しい回転をかけよう。

Point 手首を小指側にひねる

1. センターラインから、リングに対してななめにドリブルしていき、ゴールのほぼ真下で踏み切る。
2. バックボードに近いほうの手でシュート。手首を外側にひねって、ボールに回転をかけ、バックボードのリングになるべく近いところにぶつける。

STEP 3 ゴール下での連続バックシュート

人数	1人	回数	10本
道具	ボール、ゴール	時間	ー

最後には、連続して10本入れられるようになろう。

Point シュートの感覚を身につける

1. ゴールの左下でバックシュートを打つ。
2. 落ちてきたボールを取ったら、すぐにゴールの右下からバックシュートを打つ。
3. 1、2を繰り返す。初めはゴールに近い手、次は遠い手で練習を繰り返す。

第1章 基本技術と練習メニュー

16 シュート

体の幅をいかしたシュートを身につける
フックシュート

ディフェンスの背が高いとき、ゴール近辺では正面を向いてシュートを打たせてもらえないことが多い。そんなときに有効なのがフックシュートだ。

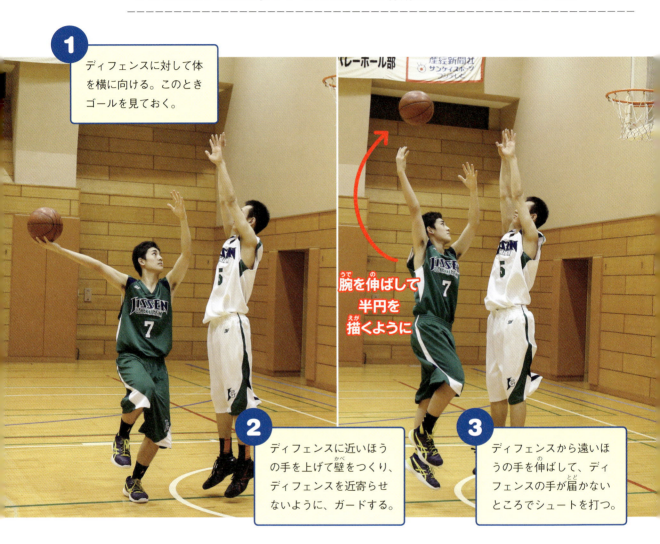

1 ディフェンスに対して体を横に向ける。このときゴールを見ておく。

腕を伸ばして半円を描くように

2 ディフェンスに近いほうの手を上げて壁をつくり、ディフェンスを近寄らせないように、ガードする。

3 ディフェンスから遠いほうの手を伸ばして、ディフェンスの手が届かないところでシュートを打つ。

　ゴール近辺では、ディフェンスの背が高いと正面を向いてシュートを打てないことがある。正面を向いたままシュートを打てば、ブロックショット（→P.125）をされてしまうからだ。

　そんなときに有効なのが、フックシュートだ。ゴールとディフェンスに対して体を横に向け、ディフェンスから遠いほうの手で、半円を描くようにしてシュートを打つ。体の幅がある分、身長差があってもディフェンスにブロックショットされにくくなる。

　とびながら片方の手で打つので、ボールをしっかりコントロールすることが大切だ。

STEP 1　レインボー

人数	1人	回数	5往復
道具	ボール	時間	1〜2分

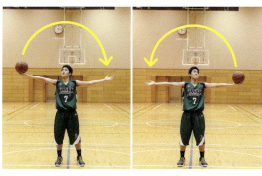

フックシュートを打つように、ボールを見ないでできるようにするのが理想。

Point　シュートの感覚を身につける

1. 右手を伸ばしてボールを持つ。
2. ひじを伸ばしたまま、頭の上を通してボールを左手に送る。
3. ボールを左手でキャッチしたら、同じ動作で右手に送る。この動作を繰り返すと、ボールを片方の手で扱う力が向上する。

STEP 2　ジャンプフックシュート

人数	1人	回数	左右1回〜
道具	ボール、ゴール	時間	3〜5分

ジャンプをしても、腕を曲げずに振り上げることを意識し、正しいフックシュートをしよう。

Point　動きのなかでシュートする

1. ゴール下から離れるように、ドリブルでゴール正面まで進み、ゴールを背にして止まる。
2. 体がゴールに対して横向きになるようにターンをする。
3. 両足でジャンプし、ディフェンスを想定しながらフックシュートを打つ。

STEP 3　フェイクからフックシュート

人数	1人	回数	左右1回〜
道具	ボール、ゴール	時間	3〜5分

連続した動きからでも、スムーズに打とう。

Point　フェイクで引きつける

1. ゴールに背を向けて立つ。左右のどちらかにボールを出して、フェイク(→P.125)をかける。
2. STEP2と同様、ターンをする。体がゴールに対して横を向くように、フェイクを出した方向とは逆の方向へターンする。
3. ジャンプをしながら、フックシュート。

17 シュート

ゴール下での得点力アップ
ローポストシュート

ローポスト（ゴール下）でのシュートにはいくつかの方法があり、それらをまとめて「ローポストシュート」と呼ぶ。基本をおぼえて実戦に役立てよう。

1 ボールを受ける前にディフェンスの位置を見ておく。練習ではうしろにいると想定。

2 エンドラインに近いほうの足を、うしろに大きく引きながら、ボールを受ける。

3 エンドラインに遠いほうの足を、ゴール下までしっかり踏み出して、シュートを打つ。

　バスケットボールでは、オフェンスが3秒以上留まることができない「制限区域（→P.124）」がゴール周辺に定められている。そのエリアの中で、ゴールに近いローポスト（→P.124）から攻めることができれば、得点力は増してくる。しかし、ゴール下では守りが一段と厳しくなってくるので、しっかりと攻められるローポストでのシュートを身につけよう。

　インサイドでは1人がハイポスト（→P.124）にいて、もう1人はローポストにいると攻撃のバランスがとれる。ハイポストからパスをもらってシュートしよう。

STEP 1 ボールを拾ってシュート

人数	1人	回数	左右1回〜
道具	ボール、ゴール	時間	3〜5分

右サイド、左サイドによって引く足が変わる。ゴール下で低い姿勢になって、力強く動こう。

Point 低い姿勢のままゴールへ

1. ゴールに背を向け、床に置いてあるボールを拾う。
2. 1と同時に、低い姿勢のまま、エンドラインに近いほうの足をうしろに引いて、ゴールのほうを向き、ゴールに近づく。
3. もう一方の足をゴール下まで踏み出して、ジャンプシュートを打つ。

STEP 2 フェイクからパワードリブル

人数	2人	回数	左右1回〜
道具	ボール、ゴール	時間	3〜5分

シュートを打つときは、ゴールから遠いほうの足をゴールに近づけて打とう。

Point 力強くゴールに向かう

1. ローポストに立つ。ハイポストからパスを受けたら左右のどちらかにボールを出して、フェイクをかける。
2. フェイクした方と逆方向に足を踏み入れ、股の下で1回だけ、パワードリブル（力強いドリブル）をする。
3. ドリブル後、ジャンプシュートを打つ。

STEP 3 ターンからフックシュート

人数	2人	回数	左右1回〜
道具	ボール、ゴール	時間	3〜5分

ターン1回め（左）も、ターン2回め（右）も、バランスを崩さない。

Point 連続ターンでも安定させる

1. ローポストに立つ。ハイポストからボールを受けたら、エンドライン側にフロントターン（→P.17 STEP3）をする。
2. 軸足をかえずに、リバースターン（軸足とは反対の足を引いて、お尻から回るターン）をする。
3. フックシュートを打つ。

18 パス

パスの基本を身につける
チェストパス

バスケットには、さまざまなパスのテクニックがある。その一番の基本になるのがチェストパスだ。両手でボールをコントロールして、正確なパスを出そう。

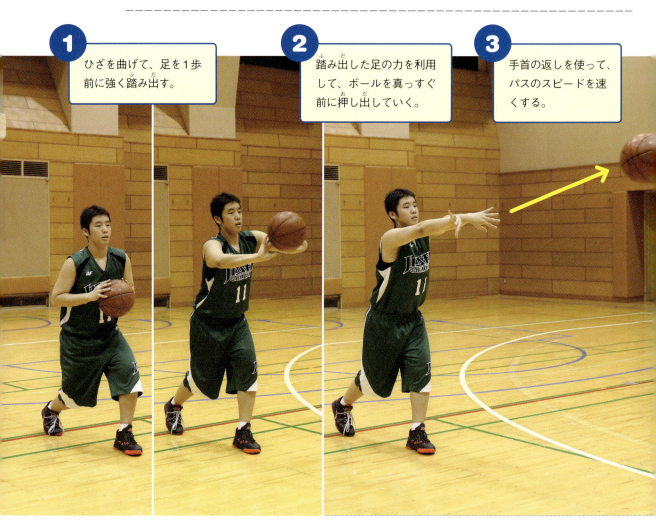

1 ひざを曲げて、足を1歩前に強く踏み出す。

2 踏み出した足の力を利用して、ボールを真っすぐ前に押し出していく。

3 手首の返しを使って、パスのスピードを速くする。

　バスケットのパスのうち、一番の基本になるのがチェストパス。チェストパスとは、自分の胸から相手の胸に向けて出すパスのことだ。

　ボールを両手で持ったら、一方の足を1歩前に踏み出して、胸の前にあるボールを真っすぐ前に押し出していく。ボールを離すときに手首を返して、手のひらが外に向くようにしよう。足を踏み込む力と、手首を返す力を合わせ、強いパスを出そう。

　基本中の基本だからこそ、いつも正確なパスができるように、何度も繰り返し練習をしておこう。

STEP 1　1、2ステップでチェストパスを出す

人数	2人	回数	ー
道具	ボール	時間	30秒～

2歩めを踏み出した力を利用して、強いパスを出す。

Point　2歩のステップで早いパス

1. 2人で向き合って立ち、チェストパスをする。
2. ボールは空中で受け、一方の足を着地させたら、もう一方の足を前に踏み出す。
3. 踏み出した力を利用して、チェストパスを返そう。

STEP 2　短いダッシュを加えたパス

人数	2人	回数	ー
道具	ボール	時間	30秒～

パスを受ける際の足の合わせ方は、STEP1の2と同様。

Point　足を合わせてボールを受ける

1. 相手と4～5mの距離でチェストパスをし合う。パスを出したら、サイドラインまでうしろ向きでダッシュをする。
2. サイドラインで折り返し、前を向いてダッシュをする。
3. パートナーのパスに足を合わせて、ボールを受けたら、すぐにまたパスを出そう。

STEP 3　走りながらパス

人数	2人	回数	1往復
道具	ボール	時間	3～5分

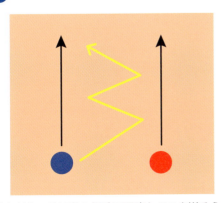

走りながら、前に進む相手に正確なパスを送ろう。

Point　パスの出すところを考える

1. 2人1組になり、4～5mくらい離れて左右に並ぶ。エンドラインからスタートし、お互いに前進しながらチェストパスをし合う。
2. 相手の走るスピードを落とさないように、相手の1～2m前へパスを送る。

19 パス

片方の手で正確なパスを出す
ワンハンドパス

ワンハンドパスは、すばやくパスを出したいときに有効だ。片方の手でボールを扱う難しさがあるが、しっかり身につけておこう。

1 胸のあたりでボールのうしろに手を置き、もう一方の手は横にそえて、ボールを持つ。

2 足を1歩踏み出すと同時に、ボールを前に押し出していく。

3 最後はボールのうしろに置いていた手の手首のスナップをきかせてパスを出す。

ディフェンスとの距離や位置、味方の動きによっては、すばやくパスを出さなければいけないこともある。そのときにチェストパスをしようとすると、動きが遅くなって、ディフェンスにはばまれることがある。

そこで、片方の手で出すワンハンドパスをおぼえておこう。ドリブルをしている姿勢から、そのまますばやくパスを出すことができる。ただし、ボールを片方の手で扱うため、コントロールが難しい。何度も練習をしよう。

また、きき手だけではなく、きき手ではないほうの手でも出せるように練習をしよう。

STEP 1 ワンハンドプッシュパス

人数	2人	回数	―
道具	ボール	時間	30秒～

片方の手で、ボールが床とできるだけ平行になるように、真っすぐ押し出すことを意識しよう。

Point 正確なパスを出す

1 パートナーと向き合って立つ。
2 足を踏み込んで、強いワンハンドパスを出す。
3 パスを受けたら、パートナーもワンハンドパスで返す。これを繰り返そう。

STEP 2 リバースハンドパス

人数	2人	回数	―
道具	ボール	時間	30秒～

手首をひねって、外側に向けたパスを出す。

Point 手首をひねり、体の外側に

1 パスの相手は自分の横に立ってもらう。
2 パスをしたい方の親指が、下を向くようにする。
3 そのままボールを外側に押し出していく。手首のスナップをきかせて、指先からボールを離す。

STEP 3 2ボール ワンハンドプッシュパス

人数	2人	回数	―
道具	ボール×2	時間	30秒～

パスとキャッチをすばやく行えるようにしよう。

Point タイミングを合わせて、正確に

1 2人がそれぞれボールを持ち、向き合って立つ。
2 タイミングを合わせて、同時にワンハンドパスを出す。
3 ワンハンドパスが終わったら、一度バウンドさせるワンハンドバウンドパス（→P.54）でもやってみよう。

第1章 基本技術と練習メニュー

20 パス

ディフェンスの足元を通すパスを身につける
バウンドパス

バウンドパスは、直接、渡すパスに比べて、スピードが少しだけ遅くなるが、ディフェンスの足元を通るため、カットされにくいパスだ。

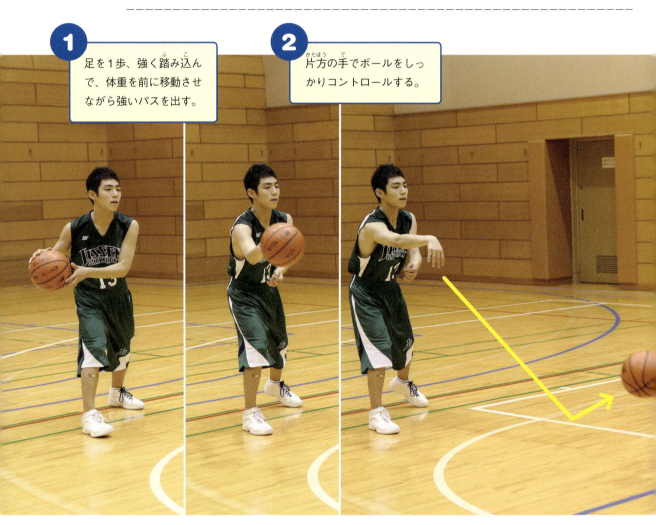

1 足を1歩、強く踏み込んで、体重を前に移動させながら強いパスを出す。

2 片方の手でボールをしっかりコントロールする。

チェストパスのようにまっすぐに空中をとばすパスは、ディフェンスの手の高さに近いので、カットされることがある。特にディフェンスが正面に立っているときは使いづらいパスだ。

そんなときに有効なのが、バウンドパスだ。床にバウンドさせ、ディフェンスの足元を通すパスなので、カットされにくい。さらに、ワンハンドパスでバウンドさせれば、腰の位置から出せるため、すばやくパスを出せる。

バウンドさせる分、スピードが落ちやすいので、思い切り強くパスを出して、スピードが落ちないようにしよう。

STEP 1 踏み込んでパス

人数	2人	回数	―
道具	ボール	時間	30秒〜

パスを出したあとに、ボールを離した手が伸びきるようにしよう。

Point 相手との距離の「3分の2」

1. パートナーと2人1組で向き合って立つ。
2. 足を強く踏み込んで、ワンハンドでバウンドパスを出す。相手との距離の「3分の2」くらいの位置でバウンドさせる。

STEP 2 フェイクしてからパス

人数	3人	回数	―
道具	ボール	時間	30秒〜

ディフェンスは、フェイクに引っかかったような体勢をとり、オフェンスに感覚をおぼえさせる。

Point ディフェンスの姿勢を浮かす

1. STEP1にディフェンスを加える。
2. 頭越しのパスをするようにフェイクをする。ディフェンスの姿勢が高くなったら、ななめ前に1歩足を踏み出し、ワンハンドでバウンドパスを出す。
3. パスを出したら、パスを受けた人の前へ行ってディフェンスをする。

STEP 3 フックバウンドパス

人数	2人	回数	―
道具	ボール	時間	30秒〜

慣れてきたら、STEP2と同じようにディフェンスをつけてやってみよう。

Point ボールにスピンをかける

1. パートナーと向き合って立つ。
2. 足をななめ前に踏み出し、手を大きく外側から回すようにパスを出す。このとき手首のスナップをきかせて、ボールに回転をかける。
3. バウンドのあとに、ボールは右側にはねて方向がかわる。

第1章 基本技術と練習メニュー

21 パス

正しい姿勢でパスを受ける
パスキャッチ

いくら正確なパスを出しても、パスを受ける人がキャッチできなければ意味がない。受ける人もしっかりと準備をしておこう。

1 パワースタンスをとる。

2 手のひらをパスする人に向けておく。

　パスをする人が、さまざまなテクニックを使ってパスをしても、受ける人がボールをキャッチできなければ、そのパスは失敗となる。つまり、パスは出し手と受け手の共同作業といえるのだ。

　パスを受ける人はパワースタンスをとり、手のひらをパスする人に向け、パスがいつきてもいいように準備をしておこう。パスが来たら、ボールを両手の指先で包み込むようにして、パスを受けよう。このとき、ボールの勢いに合わせて、手を少し体のほうに引くと、スムーズにキャッチができる。

STEP 1　うしろに手を回した状態から

人数	2人	回数	5回〜
道具	ボール	時間	3〜5分

パスと同時に手を前に出してキャッチ。受け取ったら、あごの下から胸ぐらいの位置でボールをキープする。

Point　すばやく受ける姿勢になる

1. パートナーと向き合って立つ。パスを受ける人は、手を背中側に回しておく。
2. パスをする人がボールを離したら、受ける人はすばやく手を前に出す。
3. パスを受け取ったあとは、ボールを持ったままひじをやや外側に張り、指先を上に向ける。

STEP 2　うしろ向きから振り返ってキャッチ

人数	2人	回数	5回〜
道具	ボール	時間	3〜5分

振り向く動作からキャッチまでを、できるだけすばやく行おう。

Point　あわてずにボールをキャッチ

1. パートナーと向き合って立つ。パスを受ける人は、ボールに背を向けておく。
2. パスをする人は「ボール」と声をかけ、パスを出す。
3. パスを受ける人は「ボール」の声を聞いたら振り向いて、飛んでくるボールをキャッチする。

STEP 3　壁に当たってはね返ったボールをキャッチ

人数	2人	回数	5回〜
道具	ボール、壁	時間	3〜5分

パスを受ける人は直立して待ち、ボールが見えたら、すばやくキャッチ体勢になる。

Point　ボールをよく見てキャッチ

1. パスを受ける人は壁のほうを向いて立つ。
2. パスをする人は、受ける人の頭越しに壁に向かってパスをする。
3. パスを受ける人はボールが来るのを待ち、壁に当たってはね返ってきたボールをノーバウンドでキャッチする。

22 パス

実践的なパス交換をする
ディフェンスつきパス交換

本格的にディフェンスをつけてパスをしてみよう。2人組のパス練習だけではわからなかった実践的な感覚がつかめるはずだ。

1 パスカットしづらい1つめのポイントは、顔の横。

2 もう1つのポイントは足元。

　2人組でパスを出したり、キャッチの練習をしたりすることはとても大切だ。しかし、実際の試合では、目の前にディフェンスがいることが多いため、何も工夫をせずにパスをすると、カットされてしまうこともある。

　そこで、ディフェンスをつけたパス練習をしよう。実はディフェンスにはパスカットをしづらいポイントがある。顔の両横と、足元だ。

　ただし、そこばかりをねらっていると、カットされることもある。フェイクを使って、ディフェンスの体勢を崩してから、顔の横や足元を通すパスをしよう。

STEP 1　2対1

人数	3人	回数	2回
道具	ボール	時間	20〜30秒

オフェンスはその場から動かず、ピボットなどでディフェンスを崩す。2回カットされたら交代。

Point ピボットでかわす

1. オフェンス2人、ディフェンス1人に分かれる。
2. ディフェンスは、ボールを奪いにいく。ボールを持っている選手は、ピボットやフェイクを使って、ディフェンスをかわしてパスを出す。ドリブルは禁止。
3. パスは、チェストパスやバウンドパスに。

STEP 2　2人の間にディフェンス

人数	全員	回数	なし
道具	ボール	時間	20〜30秒

ドリブルは禁止。ディフェンスの動きを見て、通りやすそうなパスを出そう。

Point ディフェンスをかわしてパス

1. 2組に分かれて、向き合って立つ。
2. パスをする人の前にディフェンスが1人つく。パスをする人は、ピボットなどでディフェンスをかわしてパスを出す。
3. パスを出した人は、逆サイドにダッシュしていき、ディフェンス役になる。これを繰り返す。

STEP 3　3対2

人数	5人	回数	2回
道具	ボール	時間	20〜30秒

オフェンスは、その場から動かないようにする。ディフェンスが2回カットしたら交代する。

Point ディフェンスの動きを見る

1. オフェンス3人で三角形をつくり、中にディフェンス2人が入る。
2. パスをする人は、目の前のディフェンスをかわしてパスを出す。ドリブルは禁止。
3. パスを出すときは、もう1人のディフェンスの動きも見ながら、ノーマークの味方にパスを出す。

第1章　基本技術と練習メニュー

23 ディフェンス

相手の攻撃を抑える
ディフェンスの基本

相手の得点を少しでも抑えることができれば、勝利に近づく。ディフェンスの基本を身につけておこう。

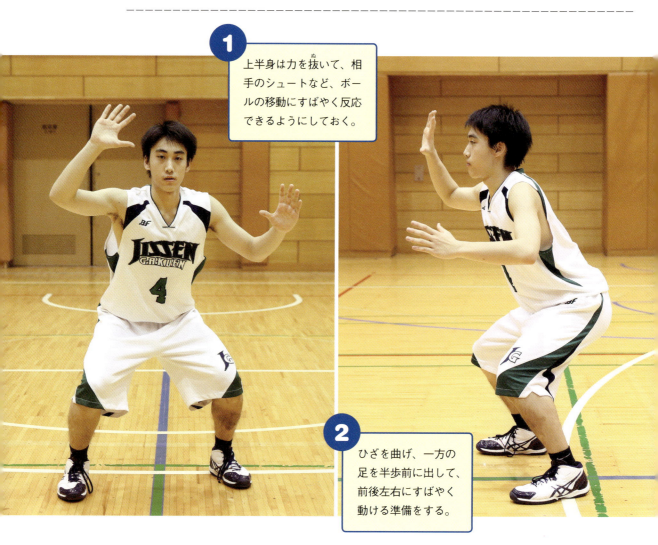

1 上半身は力を抜いて、相手のシュートなど、ボールの移動にすばやく反応できるようにしておく。

2 ひざを曲げ、一方の足を半歩前に出して、前後左右にすばやく動ける準備をする。

基本姿勢は、パワースタンス（→P.16）より少し足の幅を広げて、片方の足を半歩前に出す。腕は片方を高く上げてシュートを打たせないようにし、もう一方はパスを防ぐように少し上げておこう。シュートを防ぐ手、パスを防ぐ手をどちらにするかは、状況や相手のきき手を見て選択しよう。

ココが重要!
ドリブルに対する姿勢

相手がドリブル中は、フロントチェンジ（→P.22）をさせないように、シュートを防ぐ手を前に出す。

STEP 1 オフェンスの動きに対応する

人数	2人	回数	ピボット5回〜
道具	ボール	時間	10〜20秒

オフェンスの動きにすばやく対応するために、上半身は力を抜く。

Point ゴールとボールの間に立つ

1. オフェンスはシュートの構えをしたり、ドリブルで攻める姿勢をとったりするなど、さまざまな動作を行う。
2. ディフェンスは、オフェンスの動きに対応し、ボールの位置に手を出していく。
3. 必ずゴールとボールを結ぶ線上（インライン）に立つよう意識する。

STEP 2 パス&ランへのディフェンス

人数	4人	回数	1回〜
道具	ボール	時間	1〜2分

オフェンスにパスが渡ったら、トップのディフェンスはボールのほうに1歩下がる。

Point 体で相手の動きを止める

1. オフェンスはポイントガード（トップ→P.124）と、ポイントガードから見て45度に立ち、それぞれにディフェンスがつく。
2. トップの選手から45度の選手にパスが渡る。
3. トップの選手がボールを受けようと走り込んできたら、体の正面で進路をふさぐ。

STEP 3 ピボットからのドリブルに対応するディフェンス

人数	2人	回数	1回〜
道具	ボール	時間	5〜10秒

1歩下がることでオフェンスの動きが見やすくなり、ドリブルの1歩めにも対応しやすい。

Point 正確な距離を身につける

1. オフェンスのピボットに対して、近い距離でついていく。
2. オフェンスが、ドリブルで抜こうとして低い姿勢をとったら、ディフェンスは1歩下がり、オフェンスの動きに備える。
3. ドリブルに対しても、基本姿勢を崩さずについていく。

第1章　基本技術と練習メニュー

24 ディフェンス

ディフェンスの基本的な動きを身につける
サイドステップ

ドリブルに対する基本的なディフェンスの動き「サイドステップ」を身につけよう。低い姿勢のまま、横に動いていくステップだ。

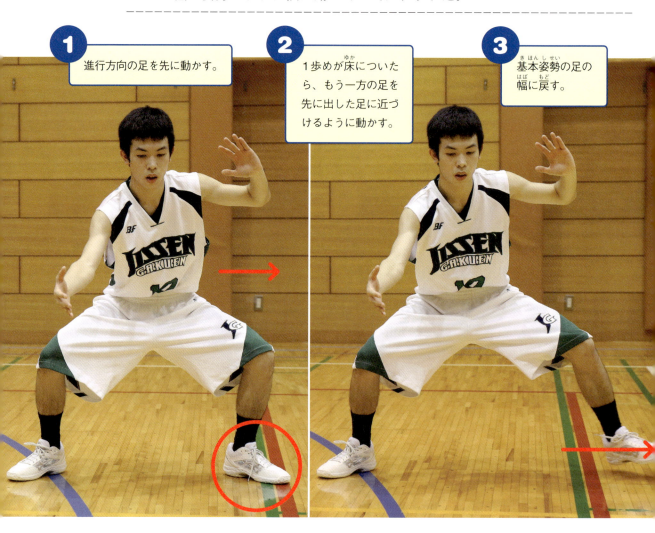

1 進行方向の足を先に動かす。

2 1歩めが床についたら、もう一方の足を先に出した足に近づけるように動かす。

3 基本姿勢の足の幅に戻す。

バスケットの守備では、相手を手でつかむことができない。そのため、ディフェンスは体の正面でオフェンスの動きを止めることが基本になる。ドリブルに対しては、「サイドステップ」と呼ばれる横に動くステップを、すばやく行うことが大切になる。

横に動き出すときは、必ず進行方向の足から動かす。進行方向の足を出したら、もう一方の足（うしろ足）を近づける。ただし、その足を近づけるとき、両足が近づきすぎてはいけない。常に基本姿勢（→P.60）に戻っているようにしよう。

STEP 1 回転しながらバック

人数	1人	回数	コート1往復
道具	なし	時間	2～3分

軸足の親指のつけ根を中心に、スムーズに回ろう。回り終えたら基本姿勢に戻る。

Point 親指のつけ根を中心に回る

1. ディフェンスの基本姿勢をとる。
2. 軸足の親指のつけ根を中心にして、進みたい方向につま先を回す。同時に、つま先を向けた方のななめうしろに、前足を引いて、体を回転させる。

STEP 2 ジグザグステップ

人数	1人	回数	コート1往復
道具	ボール	時間	2～3分

ボールを持つのは、頭の位置が下がらないようにするため。上半身を真っすぐに立てたまま、動こう。

Point 上半身は真っすぐ

1. ボールを頭の上で持って、上半身が前のめりにならないように背筋を伸ばす。
2. その姿勢のまま、ななめうしろに向かってサイドステップをする。
3. 2～3歩進んだら、STEP1の回転を意識して方向を変え、また2～3歩進む。

STEP 3 サークルステップ

人数	1人	回数	左右各2周
道具	コートサークル	時間	10～15秒

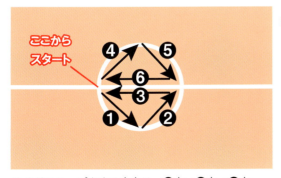

サイドステップをする方向は、❶左→❷左→❸右、❹右→❺右→❻左となる。

Point 足をすばやく動かす

1. サークルを横切るラインと、サークルが交わるところからスタート。体は常にサークルの外側に向け、❶～❸の順に、サイドステップで移動する。❶・❷は2歩、❸は歩数を限定せずに行う。
2. ❶～❸を2周したら、同じ要領で❹～❻を2周する。

第1章 基本技術と練習メニュー

25 ディフェンス

相手のドリブルについていく

ドリブルをディフェンス

オフェンスがドリブルをしかけてきたときは、抜かれないように守りたい。オフェンスとの距離や、ドリブルのスティールなどを身につけよう。

1 オフェンスとの距離は腕1本分。腕を前に出し、相手との距離をはかろう。

2 ボールとゴールを結ぶ線上に、うしろの肩を置く。

3 抜かれそうになったら、クロスステップを使う。

　バスケットの基本の1つでもある1対1で、オフェンスがドリブルでディフェンスを抜こうとする。そのドリブルに対して、ディフェンスは抜かれないように守らなければならない。ディフェンスは、オフェンスから腕1本分の距離に立つのが基本。ボールとゴールを結ぶ線上に、前に腕を伸ばしていないほうの肩を置くように構える。そして、低い姿勢のまま、サイドステップ（→P.62）でついていく。どうしても抜かれそうなときは、「クロスステップ」と呼ばれる、体をディフェンスに向けたまま、ダッシュをする動きで追いかけることも大切だ。

STEP 1 テニスボール・リアクション

人数	2人	回数	コート1往復
道具	テニスボール	時間	3～5分

ボールから目を離さないこと。いつでも動き出せる準備をしておこう。

Point テニスボールにすばやく対応

1. オフェンスは両手にテニスボールを持つ。ディフェンスは腕1本分の距離で守る。
2. オフェンスは前進しながら、好きなタイミングでテニスボールを落とす。
3. ディフェンスは落ちたボールをすばやく拾う。ワンバウンドしてもよい。ボールはすぐに返し、同じ動きを繰り返す。

STEP 2 内側の手でスティール

人数	2人	回数	コート1往復
道具	ボール	時間	3～5分

はね上がるボールにふたをするようにして、スティール（ボールを奪う動き）をするのがポイント。

Point ボールがはね上がるとき

1. ディフェンスの感覚を養うために、オフェンスはゆっくりドリブルする。
2. ディフェンスは、オフェンスの進むコースに入る。オフェンスはそれをバックロール（→P.28）でかわそうとする。
3. ディフェンスは、オフェンスに近いほうの手で、スティールをする。

STEP 3 外側の手でスティール

人数	2人	回数	コート1往復
道具	ボール	時間	3～5分

ディフェンスがスティールの感覚をおぼえてきたら、オフェンスは少しずつスピードを上げよう。

Point タイミングよく手を出す

1. オフェンスはSTEP2の要領でドリブルし、ディフェンスはオフェンスの進みたいコースに入る。オフェンスは好きなタイミングでドリブルのスピードをゆるめる。
2. ディフェンスは、ボールが床からはね上がる瞬間をねらって、オフェンスから遠いほうの手でスティールする。

26 ディフェンス

シュートを簡単に打たせないようにする
クローズアウト

シュートを簡単に打たせないためには、オフェンスに近づいていき、プレッシャーをかけることが大切だ。その守り方を身につけよう。

1 重心をうしろに置きながら、ダッシュでマークする相手の前までせまる。

2 相手の手前で小刻みなステップを踏みながら、両手を上げる。

3 オフェンスがドリブルで抜こうとしてきたら、低く構える。

ボールを持っていない選手に対してディフェンスをするときは、ボールを持っている選手のほうに少し寄って、2人のオフェンスが見える位置に立つことが重要だ。

そして、ボールを持っている選手から、マークマン（自分がマークしている相手）にパスが出たら、すぐにマークマンの前に戻らなくてはならない。

パスが自分のマークマンに渡ったとき、すぐにシュートを打たせないように出ていく守り方を「クローズアウト」と呼ぶ。両手を上げて、シュートを打たせないようにしよう。

STEP 1 クローズアウトの出方

人数	4人	回数	左右1回〜
道具	ボール×3	時間	5〜6分

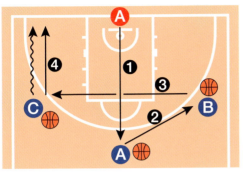

Ⓐ→Ⓑ→Ⓒとパスを回してもらう。連続でクローズアウトの練習をし、動きを体に染み込ませよう。

Point スピードをコントロール

1. Ⓐはゴール下から走り出し、Ⓐのオフェンスにクローズアウトをする（❶）。
2. ウイングの選手Ⓑにクローズアウトして（❷）、逆サイドのウイングⒸにもクローズアウトをする（❸）。
3. 最後はウイングⒸのドリブルに対して、サイドステップでついていく（❹）。

STEP 2 クローズアウトのあとにスティック

人数	3人	回数	左右1回〜
道具	ボール	時間	5〜6分

クローズアウト後は、エンドライン側を空けてドリブルを誘う。

Point ドライブに細かく対応

1. オフェンスは上の図のⒷかⒸの位置に立ち、ディフェンスはゴール下に立つ。Ⓐからパスが渡ったらクローズアウトへ。
2. オフェンスに対して、ディフェンスはエンドライン側を空けて立つ。エンドライン側でのドリブルが止まったら近づき、次の動きをさせない（スティック）。

STEP 3 クローズアウトのあとにシュートチェック

人数	2人	回数	左右1回〜
道具	ボール	時間	5〜6分

大切なのは、実戦をイメージすること。気を抜かずに最後まで守りきろう。

Point シュートチェックまでやりきる

1. STEP2の1・2を行う。
2. オフェンスがエンドライン方向にドリブルをし、シュートを打つためにとび上がったら、ディフェンスは手を伸ばしてシュートを打たせないようにする。

第1章 基本技術と練習メニュー

27 ディフェンス

ボールを持たせないディフェンスをする
ディナイディフェンス

ボールを持っていないオフェンスに、ボールを持たせないようにすることをディナイディフェンスという。ここでその動き方を紹介しよう。

1. パスコースに手を伸ばしておく。
2. ボールを持っている選手に背中を見せていても、顔はそちらに向けておく。
3. 手のひらを、ボールを持っている選手に見せる。

　ディナイディフェンスはディフェンスの基本の1つだ。これができないと、相手にゴール近くにボールを通されたりして、得点のチャンスを与えてしまう。ボールを持っている選手には背中を向けるが、顔はいつもボールを見ておく。そして、ボールを持った選手からパスが通るコースに、しっかり手を伸ばしておこう。このとき、手のひらを、ボールを持っている選手に見せるようにするとよい。もう一方の手は力を抜いて、胸の前に折りたたんでおく。もしオフェンスが前に進んできたら、体の正面で止めて、スピードに乗せないようにしよう。

STEP 1　ディナイディフェンスからパスカット

人数	3人	回数	左右1回〜
道具	ボール	時間	3〜5分

カットしたボールは、そのままドリブルシュートへと持ち込もう。

Point　オフェンスについていく

1. オフェンスはトップ（→P.124）と45度に立ち、ディフェンスは45度の選手をディナイする。
2. ディフェンスは、前後左右に動くオフェンスについていきながら、ボールの行方を見ておく。
3. パスが出されたら、とび出してカット。

STEP 2　逆サイドに移動してディナイディフェンス

人数	4人	回数	1往復〜
道具	ボール	時間	10〜20秒

ボールの移動、選手の移動に合わせて、ディフェンスをしよう。

Point　ボールと人の移動に合わせる

1. Ⓐ・Ⓑ・Ⓒの位置にそれぞれオフェンスが立ち、Ⓑがボールを持つ。Ⓐに対して、ディフェンスⒶがディナイする。
2. ⒷがⒸにパスを出したら、Ⓐはゴール下を通って逆サイドへ移動する。
3. Ⓐは移動するⒶを追いかける。逆サイドでⒶが止まったら再びディナイする。

STEP 3　センターへのディフェンス

人数	4人	回数	1回〜
道具	ボール	時間	10〜20秒

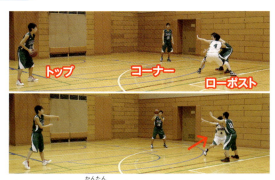

インサイドには簡単にボールを入れさせないように、マーク相手の前を通ってパスコースをふさぐ。

Point　センターの前を通って移動

1. オフェンスはトップのややサイドライン寄りとコーナー、ローポストに立つ。ディフェンスはローポストの選手をディフェンスする。
2. トップの選手がボールを持っているときは、トップ側に立つ。
3. ボールがコーナーに渡ったら、エンドライン側に立つ。

28 ディフェンス

ボールマンとマークマンを指させる位置に立つ
ピストルスタンス

自分のマークマンを守りながら、ボールを持っている選手も守る。コートを広く見渡すことが、チームディフェンスの原則だ。

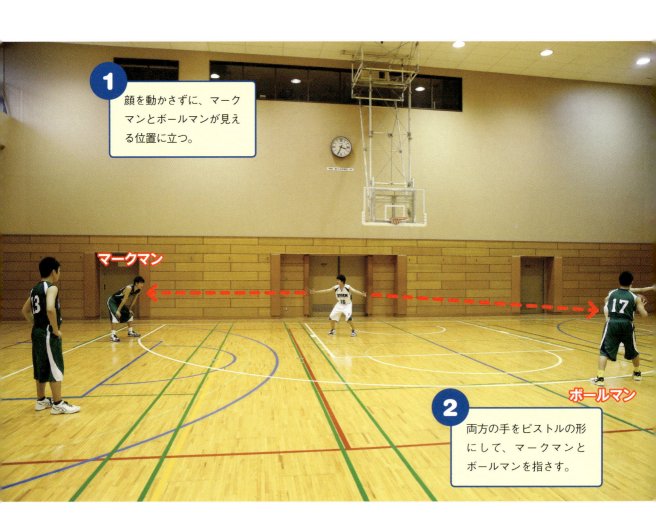

1 顔を動かさずに、マークマンとボールマンが見える位置に立つ。

マークマン

ボールマン

2 両方の手をピストルの形にして、マークマンとボールマンを指さす。

　バスケットボールでは、ディフェンスをするときに、ボールを持っていない自分のマークマン（マークする相手）の守りをしながら、ボールマン（ボールを持っている選手）の守りの準備をしておかなければいけない。
　ボールを持っている選手から、別の選手を経由しなければパスが回ってこないオフェンスに対して守るときは、顔を左右に振らなくても、自分のマークマンとボールを持っている選手が両方見える位置に立つ。ピストルの形にした両手で両方を指さし、チームメイトに両方見ていることを伝えよう。

STEP 1 パス交換でのポジション移動

人数	6人	回数	パス2往復〜
道具	ボール	時間	なし

Ⓒ・Ⓓは、それぞれ🅒・🅓をマーク。🅐から🅑にボールが渡ったら、Ⓒは、🅑とⒸの両方の位置が見える位置に移動。ⒹはⒹにディナイをする。

Point すばやく正しいポジションへ

1. 🅐・🅑のパス交換に対応する。ボールを持っている選手が隣にいるときは、自分のマークマンにディナイをする。
2. パスが隣の選手から遠いほうに渡る（🅐→🅑もしくは🅑→🅐）。
3. ディナイから両方が見える位置に移動し、ピストルスタンスをして終了。

STEP 2 ボディチェック

人数	6人	回数	パス10回
道具	ボール	時間	1〜2分

走り込んでくる相手の動きをよく見て、体の正面で止めよう。パスを10回まわしたら終了。

Point オフェンスを体正面で止める

1. STEP1の状態から、🅐・🅑はパスを回し、ディフェンスはディナイかピストルスタンスをとる。
2. パスがウイング（Ⓒ・Ⓓ）に渡ったら、逆サイドのウイングがパスを受けに走り込んでくる。ディフェンスは選手を体で止め、パスが渡らないようにする。

STEP 3 ボディチェック（人数増）

人数	8人	回数	パス10回
道具	ボール	時間	1〜2分

人数が増えても基本は一緒。自分のマークマンの動きをチェックしよう。パスを10回まわしたら終了。

Point 走り込んでくる選手を増やす

1. STEP2の状態から🅐・🅑のディフェンスを2人（🅐・🅑）追加する。
2. オフェンスはパスを回し、ディフェンスはディナイかピストルスタンスを取る。
3. ウイングやガードがボールを受けにハイポストの真ん中あたりに走り込んできたら、パスが渡る前に、体の正面で止める。

29 ディフェンス

オールコートでオフェンスにプレッシャーをかける
1on1ディフェンス

オールコートで常にプレッシャーをかけられることほど、オフェンスが嫌になることはない。オールコートで守れるディフェンス力を手に入れよう。

　ディフェンスが終わり、「さぁ、オフェンスの番だ」と思ったときに、いきなり自陣からぴったりと守られたら、オフェンスは嫌になるものだ。逆にいえば、オフェンスが嫌だと思うことをするのが、ディフェンスのポイントの1つだといってもよい。

　オールコートで1対1の練習をして、本番の試合でも、オールコートで守れるだけの脚力や体力、ディフェンス力を身につけよう。オフェンスがスピードに乗らないように、しっかりとついていくことが大切だ。オフェンスとの駆け引きもおぼえていこう。

STEP 1 サイドステップ→クロスステップ→サイドステップ

人数	1人	回数	コート1往復
道具	なし	時間	1〜2分

どちらかのステップだけでは不十分。2つのステップうまく使い分けよう。

Point ステップでコース入りする

1. サイドステップを2〜3回したら、クロスステップ（→P.125）をする。
2. クロスステップを4〜5回したら、サイドステップをする。
3. ジグザグになるよう、逆方向に1と2の動きをする。エンドラインからエンドラインまで行う。

STEP 2 コースチェック

人数	2人	回数	1往復〜
道具	ボール	時間	2〜3分

オフェンスの進みたいコースの正面に入る。エンドラインからエンドラインまで、この動きを繰り返す。

Point オフェンスの進むコースへ

1. オフェンスはドリブルしながら、ゆっくりめのスピードでななめに進む。
2. ディフェンスはサイドステップでついていく。スティールはねらわない。
3. オフェンスの進む方向にディフェンスが入ってきたら、オフェンスは動くコースを変えて、ジグザグになるように動く。

STEP 3 オールコート1on1

人数	2人	回数	1往復〜
道具	ボール	時間	ー

ディフェンスはオフェンスが進もうとするコースに入っていき、距離を腕1本分保つようにする。

Point 実戦形式の1対1

1. ペアでオフェンス、ディフェンスを決めてオールコートの片道で1対1をする。
2. ディフェンスは2つのステップを使って、オフェンスにしっかりついていく。
3. オフェンスがシュートを決めるか、ディフェンスがボールを奪ったら終了。オフェンス、ディフェンスを入れかえる。

30 速攻

シュートのこぼれ球は、必ず自分たちのボールにする

速攻に向けたリバウンド

相手がシュートを外したとき、そのボールをいかに自分たちのものにするかが勝敗を分ける。リバウンドを確実に取って、速攻につなげよう。

1 低い姿勢で相手を背中で押し、ゴールに近づけさせない。

2 高くとんで手を伸ばし、ジャンプの最高点でボールをキャッチする。

3 両足でしっかり着地をしたら、両ひじを張って、ボールを奪われないようにする。

　バスケットには「リバウンドを制する者は、ゲームを制する」という言葉がある。それくらい、リバウンドに対応する反応やプレーは大切なものだ。

　特に相手のシュートが外れたとき、そのボールを自分たちのものにできれば、相手がディフェンスに戻る前に攻める「速攻」をしかけやすくなる。ディフェンスが戻る前、つまりディフェンスの数が少ないときに攻めることができれば、得点できる可能性も高まる。

　リバウンドは攻撃のスタート地点。確実に取って、得点に結びつきやすい速攻につなげる。

STEP 1　ボールのつまみ上げ

人数	1人	回数	10回〜
道具	ボール	時間	10〜20秒

Point　指先で扱う感覚を養う

1. ボールを頭の上まで持ち上げ、ボールを指先でつまみ上げる。
2. 1を繰り返して、指先の感覚を高める。
3. この練習を繰り返すと、リバウンドでボールにふれた瞬間に、すばやくボールを巻き込めるようになる。

ボールをつまみ上げて、指先の感覚を高めよう。リバウンド能力アップにつながる。

STEP 2　上に投げて片方の手でキャッチ

人数	1人	回数	3〜5回
道具	ボール	時間	20〜30秒

Point　最高点でボールにふれる

1. ボールを真上に放り投げる。
2. 落ちてくるボールを見ながら、自分のジャンプの最高点でボールにさわれるタイミングでとぶ。
3. ジャンプの最高点でボールにふれ、そのまま巻き込むようにキャッチする。

普段からジャンプの練習をし、自分の最高点をわかっておこう。

STEP 3　バックボードに当ててキャッチ

人数	1人	回数	左右2回ずつ
道具	ボール	時間	2〜3分

Point　実戦に近い形でリバウンド

1. ボールを下から投げて、バックボードに当てる。
2. はね返ってくるボールを見て、タイミングよくジャンプ。最高点でリバウンドを取る。
3. 両足で着地。このとき、両ひじを張り出して、ボールを奪われないようにする。

着地をしたあと、ボールはあごの下か顔の横でキープし、それ以上下げない。

第1章　基本技術と練習メニュー

31 速攻

相手をゴール近くから押し出す
スクリーンアウト

リバウンドを取るときに大切なのが、スクリーンアウトだ。相手をゴールに近づかせないように、しっかりと背中で抑え込もう。

1 パワースタンスの姿勢をとり、押し負けない。両手は必ず上げておく。

2 背中全体を使って抑える。相手との接触面を大きくするため、上半身は立てる。

3 顔はしっかりとボールを見ておく。

　リバウンドを確実に取るためには、相手よりもよいポジションを取らなければならない。バスケットでは、シュートの70〜80％が、シュートを打った逆サイドに落ちるといわれている。遠くにはねることなどもあるが、相手よりもゴールに近いところにいることが、リバウンドでは大切だ。

　そこで、スクリーンアウトが必要になる。相手を背中で抑えて、前に行かせないスクリーンアウトは、相手に押し負けないようにパワースタンスで行う。両手は上げておき、ジャンプしたときに手を出しやすいようにしよう。

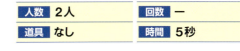

STEP 1 スクリーンアウトのステップ

人数	2人	回数	ー
道具	なし	時間	5秒

足を動かして、相手の動きを背中で止める。当たる背中の面が大きいほど、相手の動きを感じやすい。

Point 相手の動きを背中で止める

1. 1対1となり、一方の選手が、もう一方の選手の前に出ようとする。
2. 前の選手は、相手が右から抜こうとしたら右足を動かし、左からなら、左足を動かして、背中で止める。
3. 5秒たったら役割を交代する。

STEP 2 スクリーンアウトでボールを守る

人数	2人	回数	ー
道具	ボール	時間	5秒

相手にふれる背中の面をできるだけ大きくして、動きを感じながら対応するようにしよう。

Point ボールを奪われないように

1. ディフェンス側にボールを置き、うしろの人はボールを取りに行く。
2. うしろの選手の動きを背中で感じながら、前の選手はスクリーンアウトを続ける。
3. 前の選手は最後まで足を動かし続けて、ボールを奪われないようにする。

STEP 3 逆サイドからくる相手をスクリーンアウト

人数	2人	回数	ー
道具	ボール	時間	5秒

ボールを奪う選手は遠いところから走ってくる。ディフェンスは背中でスクリーンアウトをする。

Point 体の正面で勢いを止める

1. STEP2と同様にボールを置く。
2. スクリーンアウトをする選手は、体の正面で相手の勢いを止める。
3. すばやくターンをして、背中でスクリーンアウトをする。最後まで足を動かし続けて、ボールを奪われないようにする。

コラム

コーディネーションの重要性

小中学生におすすめなのが「コーディネーショントレーニング」だ。簡単にいうと、運動神経を鍛えて、さまざまな動きをスムーズに行うための訓練だ。

神経系を鍛えよう

筋力が十分に発達していない小中学生は、器具を使った筋力トレーニングをしないほうがよい。筋力が発達するのは高校生の年頃であり、今、無理にトレーニングをしても効率が悪いばかりか、成長の妨げになる可能性もあるからだ。コーディネーショントレーニングは、器具を使わずに運動神経を含めた神経系を鍛えるトレーニングだ。日本バスケットボール協会もおすすめしていて、同協会からDVDなども出ているので、チェックしてみよう。

コーディネーションの種類を知ろう

この本のなかでいえば、「ドリブルの基本」(→P.18) で紹介した、2つのボールを使ったドリブルや、「パスキャッチ」(→P.56) がコーディネーショントレーニングにあたる。
2つのボールを使ったドリブルは、「カップリング（複数の動きを同時に行う能力）」というコーディネーション能力を鍛えるもの。壁に向かっている選手が、壁にはね返ってきたボールをキャッチする練習は、「リアクション（反応する力）」というコーディネーション能力を鍛えている。それら以外にも5つの能力があり、それぞれに鍛えるトレーニングがある。

- ディファレンシング（力の強弱や変化をつける能力）
- アダプタビリティ（状況に適応する能力）
- バランス（体のバランスを保つ能力）
- リズム（流れに乗ったり、流れに反して動いたりする能力）
- オリエンテーション（位置関係をつかむ能力）

神経系は高校生以上になると伸びなくなるので、小中学生のうちにしっかりと鍛えておくことが大切だ。しかもこのトレーニングは、普段のバスケットの練習とは少し違う、楽しみながらできる練習でもある。

第2章

ゲームを想定した実戦・練習メニュー

01 ディフェンス

スクリーンプレーに対して守りをかためる
スクリーンディフェンス

オフェンス2人が連係して崩しにくるスクリーンプレー。ディフェンスはオフェンスをノーマークにしないように連係して守ろう。

スクリーン！

スクリーナー

ユーザー

オフェンスがスクリーンをしかけてきたら、スクリーナーをマークしているディフェンスが「スクリーン！」と声をかける。

オフェンスの攻め方の1つに、2人組でノーマークの選手をつくる「スクリーン」がある。「ユーザー」と呼ばれるノーマークになりたい選手が、「スクリーナー」（壁役の味方）の横ギリギリを通過することで、ついてこようとするディフェンスの移動をはばみ、対応を遅れさせるテクニックだ。

ディフェンスとしては、どんな状況でもオフェンスをノーマークにしないように守りたい。まずは、ボールを持っている選手がノーマークになろうとする「オンボール・スクリーン」に対するディフェンスの方法をおぼえよう。

STEP 1　ショウディフェンス

人数	4人	回数	2回〜
道具	ボール	時間	20〜30秒

ボールマンのディフェンスは、ボールマンとスクリーナーの間を通って、ボールマンの守りに出る。

Point　ボールマンの勢いを止める

1. トップの選手に対して、フリースローラインの延長線上である45度付近で2対2のスクリーンオフェンスを行う。
2. ボールマンのドリブルを、スクリーナーのディフェンスがコースに入って止める。
3. その間にボールマンのディフェンスが、守りに戻る。

STEP 2　スイッチ

人数	4人	回数	2回〜
道具	ボール	時間	20〜30秒

マークマンを交換するときは、ボールマンについている選手が「スイッチ！」と声をかけよう。

Point　スイッチ後に押し出す

1. 45度付近で2対2のスクリーンオフェンスを行う。
2. ドリブルで抜こうとするボールマンを、スクリーナーのディフェンスが制止。
3. ボールマンのディフェンスは、スクリーナーにパスを出させないようにディナイをする。

STEP 3　ダブルチーム（ピンチ）

人数	4人	回数	2回〜
道具	ボール	時間	20〜30秒

2人がかりでボールマンを止めるダブルチームは、連係が大切だ。

Point　パスを出させないように

1. 45度付近で2対2のスクリーンオフェンスを行う。
2. スクリーナーのディフェンスがボールマンのドリブルを止め、もう1人のディフェンスと2人でボールマンをはさむ。
3. 手と足を動かして、パスを出させないようにする。

第2章　ゲームを想定した実戦・練習メニュー

02 ディフェンス

ボールのないプレーヤーのスクリーンを守る
オフボールのスクリーン

スクリーンは、ボールを持っていない選手が、ディフェンスを振り切るためにも使う。ノーマークにさせないように守ろう。

ボールマンのスクリーンと同じで、スクリーナーがスクリーンに向かったら「スクリーン」と声をかける。

スクリーン！

ヘルプサイド

ボールサイド

　スクリーンプレーは、ボールを持っている選手とスクリーナーの2人だけで行うオフェンスではない。ボールを持っていない選手、つまり「オフボール」の選手もスクリーンを使って、ノーマークになろうとする。そうすることでパスが受けやすくなり、次の攻撃にもスムーズに移れるからだ。

　ディフェンスとしては、オフボールのスクリーンに対してもしっかりと守る技術を身につけておく必要がある。状況に合わせた守り方をすばやく選択して、オフボールの選手に簡単にボールを持たせないように守ろう。

STEP 1　ファイトオーバー

人数	5人	回数	1回〜
道具	なし	時間	10〜20秒

スクリーナーのディフェンスは、ユーザーのコースに寄っておく。

Point　2人の間を割って入る

1. トップにボールマン、45度付近にオフェンス2人とディフェンス2人が立つ。
2. ユーザー（スクリーナーがつくった壁を利用して攻撃をする人）のディフェンスは、スクリーナーとユーザーの間を通って、ユーザーにディナイをする。

STEP 2　スライドスルー

人数	4人	回数	1回〜
道具	なし	時間	10〜20秒

ユーザーのディフェンスがファイトオーバーできないときは、スライドスルーで対応する。

Point　スクリーナーのうしろを通る

1. トップにボールマンを配置し、オフェンス2人が45度付近でスクリーンプレー。
2. スクリーナーのディフェンスが、スクリーナーとの間にスペースをつくる。
3. ユーザーのディフェンスは、そのスペースを通ってユーザーについていく。

STEP 3　バンプ

人数	4人	回数	1回〜
道具	なし	時間	10〜20秒

スクリーナーのディフェンスがユーザーを止め、その間にユーザーのディフェンスが追いつく。

Point　ユーザーを体の正面で止める

1. トップにボールマンを配置し、オフェンス2人が45度付近でスクリーンプレー。
2. ユーザーがスピードに乗っていたら、スクリーナーのディフェンスが体の正面で受けて、ユーザーの動きを止める。
3. ユーザーのディフェンスが追いつき、ユーザーを守る。

第2章　ゲームを想定した実戦・練習メニュー

03 ディフェンス

チームで助け合いながら守る
ヘルプ／ローテーション

味方が抜かれたとき、まわりのディフェンスが協力し合って助けるのがチームディフェンス。崩れた陣形をいち早く立て直そう。

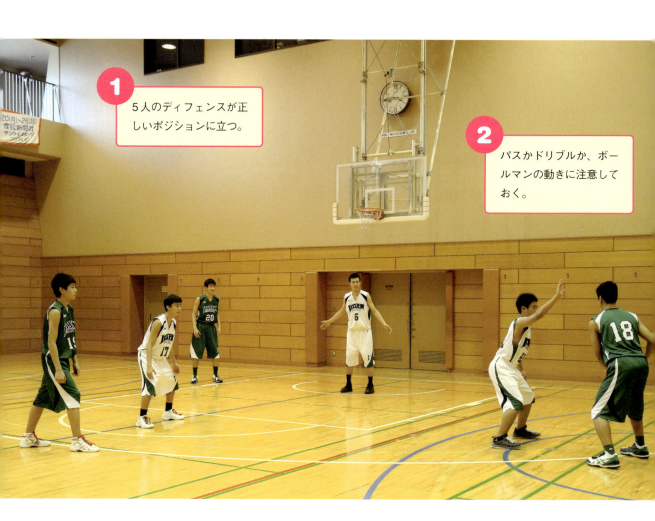

1 5人のディフェンスが正しいポジションに立つ。

2 パスかドリブルか、ボールマンの動きに注意しておく。

　バスケットはチームスポーツ。コートに立っている5人が協力することが大切だ。
　とりわけディフェンスは、全員の協力が不可欠だ。もし味方が抜かれたら、近くにいるディフェンスが代わりに守りに出ていこう。
　このように「ヘルプ」をすると、今度はそのディフェンスの守っていた選手が、ノーマークになってしまう。そこで、またほかのディフェンスが助けに向かう。そのように守る位置をかえていくことを「ローテーション」という。
　ヘルプとローテーションをうまく使って、相手の攻撃をチームで守ろう。

STEP 1　ドライブに対するヘルプ

人数	6人	回数	1回〜
道具	ボール、ゴール	時間	10〜20秒

逆サイドのローポストを守っていたディフェンスが、すばやくヘルプに入る。

Point　ペイントエリアの前で止める

1. トップと45度、逆サイドのローポストの3か所で、3対3の形を作る。ボールは45度の選手が持つ。
2. 45度のオフェンスは、エンドライン方向にドリブルをして、ゴールに向かう。
3. 逆サイドにいたディフェンスは、ドリブルを制限区域の前で止めるように動く。

STEP 2　ゴール下のローテーション

人数	6人	回数	1回〜
道具	ボール、ゴール	時間	10〜20秒

トップにいたディフェンスが、ゴール下まで下がってディフェンスをする。

Point　ヘルプの動きに合わせて動く

1. STEP1でローポスト（→P.124）のディフェンスがドリブルを止めに出ると、ゴール下がノーマークになる。
2. トップのディフェンスはゴール下へ移動。ボールマンからゴール下のオフェンスにパスが出たら、パスカットをする。

STEP 3　ローテーションからシュートチェック＆スクリーンアウト

人数	6人	回数	1回〜
道具	ボール、ゴール	時間	10〜20秒

少し遅れたとしても、シュートチェックには行くようにする。

Point　ノーマークをつくるようにする

1. STEP2でゴール下にパスができないと判断し、トップの選手にパスを出す。
2. ゴール下に移動したディフェンスは、トップの選手の守りに戻る。45度の選手のディフェンスが、ゴール下に入る。
3. トップがシュートを打ったら、ディフェンスは全員でスクリーンアウトをする。

第2章　ゲームを想定した実戦・練習メニュー

04 速攻

ステップを踏みながら2人でゴールを目指す
ツーメン

速攻をしかけるときは、走りながら正確にパスを出したり、受けたりする力が必要だ。速攻の基本的な動きを、まずはツーメンで身につけよう。

1 走っているパートナーが取りやすいように、今いるところより少し前にパスを出す。

2 正しくキャッチする。

3 パスをしたら、味方やディフェンスの状況を確認するために前を向く。

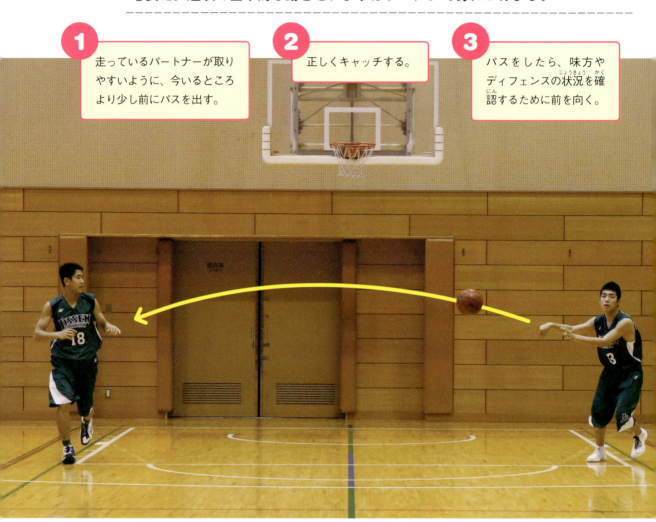

　速攻は得点を決めやすい攻撃だ。特にディフェンスよりも多い人数が走っていれば、誰かがノーマークになって、得点につながりやすい。
　ただし全力で走りながらパスを出すときに、ボールをうまくコントロールできなければ、せっかくの得点チャンスがなくなってしまう。

　2人で行うツーメンは、速攻の基本的な練習の1つだ。フリースローラインの幅を保って走り、正確なパスを出し合おう。パスを出したら、必ず前を向き、前がどうなっているか確認すること。トラベリング（→P.125）に注意し、最後はレイアップシュートで終わる。

STEP 1　2ステップ

人数	2人	回数	1往復〜
道具	ボール、ゴール	時間	2〜3分

1、2のステップで正確にパスを出しながら、逆サイドのゴールを目指す。

Point　正確にステップを踏む

1. エンドラインからスタートする。フリースローラインの距離で、パス交換をしながら、並んで走る。
2. パスを受けたら、ステップを2歩踏む。2歩めのステップと同時に、走るパートナーの2歩先あたりにパスを出す。
3. どちらかがレイアップシュートを打つ。

STEP 2　さまざまなステップにチャレンジ

人数	2人	回数	1往復〜
道具	ボール、ゴール	時間	2〜3分

さまざまなステップで、パスを出すリズムに変化をつけよう。

Point　さまざまなステップをおぼえる

1. STEP1で、1歩めを踏んだら、すぐにパスを出す（ワンステップ）。
2. 空中で受けてすぐパスを出したり（ノーステップ）、2ステップ踏んでとび、着地寸前でパスしたりする（3ステップ）。
3. 最後はどちらかがレイアップシュートを打って終わる。

STEP 3　ディフェンスをつけたツーメン

人数	5人	回数	1往復〜
道具	ボール、ゴール	時間	2〜3分

パスやステップの種類、リズムをかえて、ディフェンスをかわそう。

Point　カットされないようにパス

1. ディフェンスが、2つのフリースローサークルとセンターサークルの中に立つ。
2. ディフェンスが動けるのはサークル内のみ。ツーメンをする選手は、ディフェンスにカットされないように、STEP1やSTEP2で練習したパスでかわす。
3. レイアップシュートを打って終わる。

第2章　ゲームを想定した実戦・練習メニュー

05 速攻

味方の視線の追い方、パスの回し方が身につく
スリーメン

速攻の一番基本的な形「スリーメン」。パスを正確に出したり、受けたりする以外にも、位置によって気をつけるポイントがそれぞれあるので、確認しよう。

1 走っている味方に正確なパスを出す。

2 真ん中の選手は逆サイドの選手の位置などを目で確認する。

3 シュートを打つ選手はゴールまで一直線に走る。

　速攻の一番基本的な形で、試合の中で最も使う機会が多いのが、3人で行う「スリーメン」だ。

　真ん中の選手が、一方のサイドにいる選手にパスを出す。パスをしたら、逆サイドの選手がどのあたりを走っているかを確認して、リターンパスを受ける。逆サイドの選手はゴールまで一直線に走り、リターンパスを受けた真ん中の選手からパスを受けて、レイアップシュートを打つ。これが基本的な動きだ。

　ディフェンスの状況に合わせて、さまざまな形のスリーメンを使い分けよう。

STEP 1 ドリブルミドルマン

人数	3人	回数	1往復
道具	ボール	時間	5〜10分

Point 選手の位置を入れかえる

1. ⒶはⒷにパスを出し、パスしたサイドにダッシュ。
2. パスを受けたⒷはドリブルをして、真ん中のコースを進む。
3. 逆サイドのⒸはサイドライン沿いを走り、ドリブルで進んできたⒷからパスを受けてレイアップシュートを打つ。

真ん中とサイドの選手が入れかわる。走るコースの交換をスムーズに行おう。反対サイドでも練習する。

STEP 2 ボールを置く

人数	3人	回数	1往復
道具	ボール	時間	5〜10分

Point ディフェンスをイメージする

1. ⒶはⒷにパスし、それを追う。
2. パスを受けたⒷは、ボールをその場で弾ませてから、前に走り出す。
3. Ⓑが弾ませたボールを中央からきたⒶが取り、右から中央にくるⒸにパス。Ⓒは、左サイドを走っているⒷにパス。Ⓑはレイアップシュートを打つ。

最後にシュートをするのは左サイドの選手。しっかりと連係を確認しよう。

STEP 3 縦につなぐ

人数	3人	回数	1往復
道具	ボール	時間	5〜10分

Point 内側の足でボールミート

1. 中央のⒶは左のⒷにパスを出し、Ⓑの5メートル前あたりを目指して走る。
2. Ⓑは、前に走ってくるⒶにパスを戻し、コート中央に走り出す。Ⓐは中央に走り込んだⒷにパスを出す。
3. Ⓑは逆サイドを走るⒸにパス。Ⓒはレイアップシュートを打つ。

中央の選手が戻ってくるパスを受け取るときは、コート中央を向くのがポイント。

06 速攻

スリーメンに1人加えて、4人で速攻をしかける
4人の速攻

速攻のとき、連続した攻撃をすることで、さらに得点のチャンスをつくることができる。4人での波状攻撃をしかけよう。

1 シュート役の選手が、バックボードにボールをぶつける。

2 そのとき両ウイングはサークルステップ（→P.63）をしておく。

3 リバウンドを取ったら、ガードにパス。両ウイングは、サイドライン沿いを走る。

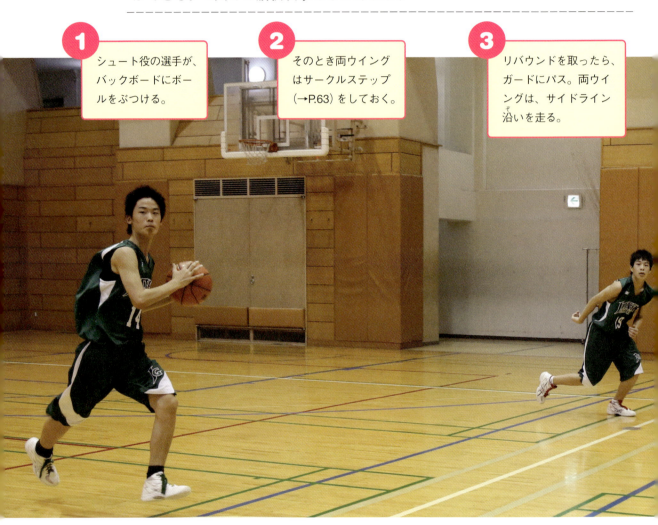

速攻で得点のチャンスを生みやすいのは、オフェンスの数がディフェンスよりも多いときだ。だが、それはディフェンスもわかっているので、少しでも多くの選手が、なるべく早く自陣に戻って守りをかためようとするはずだ。

スリーメンで速攻をしかけても、ディフェンスが3人戻っていれば3対3となり、得点のチャンスは少なくなってしまう。そこで、4人めのオフェンスが走り込んで、4対3の形をつくれば、さらに攻撃のチャンスは広がる。

ディフェンスの状況に合わせた、4人でのさまざまな速攻を身につけよう。

STEP 1　逆サイドカット＆ゴール下とび込み

人数	4人	回数	片道
道具	ボール	時間	5～10分

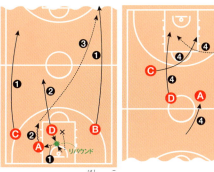

逆サイドの選手❸が走り込むことでスペースが空く。ボールを持っていないときのプレーも大切だ。

Point　攻めるスペースをつくりだす

1. ❹がボールをバックボードに当て、リバウンドを取る。それを❹にパスしたら、両サイドの❷・❸は走り出す。
2. ❹は少しドリブルをしてから、❷にパス。❸は逆サイドに向かって走り出す。
3. 空いた左のスペースに、❹が走り込み、パスを受けてシュートする。

STEP 2　4人めのボールサイドとび込み

人数	4人	回数	片道
道具	ボール	時間	5～10分

4人め（❹）のとび込みに、タイミングを合わせてパス。チームワークが大切だ。

Point　角度をかえて4人めを使う

1. スタートはSTEP1と同じ。
2. ❹は、❷にパスを出す。❹は、ボールが渡ったサイドのローポストへ走り込む。
3. ❹にパスが通らない場面を想定し、前に走り込んできた❹にパスを返す。❹はゴール下でパスを受け、シュートを打つ。

STEP 3　ドライブ～4人めのトレイル

人数	4人	回数	片道
道具	ボール	時間	5～10分

❸と❹の連係が鍵。お互いの動きをしっかりと確認しておこう。

Point　ドライブでスペースをつくる

1. スタートはSTEP1と同じ。
2. ❹はドリブルをして、❸にパスを出す。❸は❹の位置を確認し、すれ違うタイミングでコート中央に向かってドリブルをする。
3. ❹は❸とすれ違いざまにパスを受け、ドリブルからレイアップシュートを打つ。

07 オフェンス

2対2からノーマークでシュート
ハーフコートの2対2

1対1でマークが厳しいときは、2対2のスクリーンプレーに持ち込むのが有効。ディフェンスとの距離をあけて、ノーマークでシュートを打とう。

1 スクリーナーは相手ディフェンスの横に、ひざを曲げて立つ。このとき絶対に動いてはならない。

2 ユーザーは行きたい方向の逆に、一度フェイクをかける。

3 そのあとですばやく方向をかえて、スクリーナーの横ぎりぎりを通る。

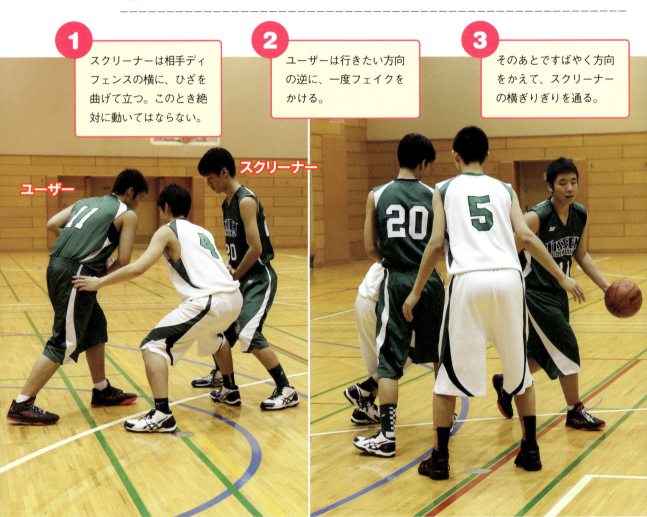

ユーザー　スクリーナー

マークがぴったりつく厳しいディフェンスを受け、1対1で攻めきれないときには、スクリーンプレー（→P.80）が有効になる。スクリーナー（壁役の味方）に、自分についている相手ディフェンスをぶつけてノーマークになるか、ディフェンスの動きを遅らせることで、攻めやすくする。この動きを身につけて、攻撃の幅を広げよう。スクリーナーは、ひざをしっかり曲げて、ディフェンスのすぐ横に立つ。ルール上、動いたらファウルをとられるので注意が必要だ。ユーザー（スクリーンを使う選手）は、スクリーナーの横ぎりぎりを通るようにしよう。

STEP 1 スクリーンプレーから ジャンプシュート

人数	4人	回数	1回～
道具	ボール、ゴール	時間	3～5分

スクリーンをうまく利用してディフェンスを遅らせ、シュートをねらう。

Point ディフェンスを見てシュート

1. 45度付近にいるボールマンは、味方のスクリーンに自分のディフェンスをぶつけるようにして、ドリブルする。
2. ボールマンは、スクリーナーのディフェンスがヘルプに出てこないことを確認。
3. ドリブルシュートか、ストップジャンプシュートを打つ。この動きを繰り返す。

STEP 2 ピック&ロール

人数	4人	回数	1回～
道具	ボール、ゴール	時間	3～5分

ボールマンは、スクリーナーに自分のディフェンスをぶつけるように、ドリブルをする。

Point スクリーナーがパスを受ける

1. ボールマンがドリブルをする。
2. スクリーナーのディフェンスがボールマンのマークに出たら、スクリーナーは反転して、ボールマンのディフェンスを背中で止める。
3. スクリーナーは、ボールマンからパスを受けシュート。この動きを繰り返す。

STEP 3 角度をかえて、パスを入れる

人数	5人	回数	1回～
道具	ボール、ゴール	時間	3～5分

2人でも攻めきれないときは、3人めの味方も加えて攻撃の幅を広げよう。

Point パスの角度をかえる

1. 2対2に加え、逆サイドにも1人オフェンス役の選手を配置する。
2. STEP2の2の場面で、ボールマンからスクリーナーにパスができないと想定し、逆サイドの選手にパスを出す。
3. スクリーナーにパスを出して、スクリーナーがシュート。この動きを繰り返す。

08 オフェンス

3人の連係した動きでディフェンスを崩す
ハーフコートの3対3 ①

センター（→P.107）を含めた3対3の動きを身につけることで、攻撃の幅はさらに広がる。まずは「UCLAカット」をマスターしよう。

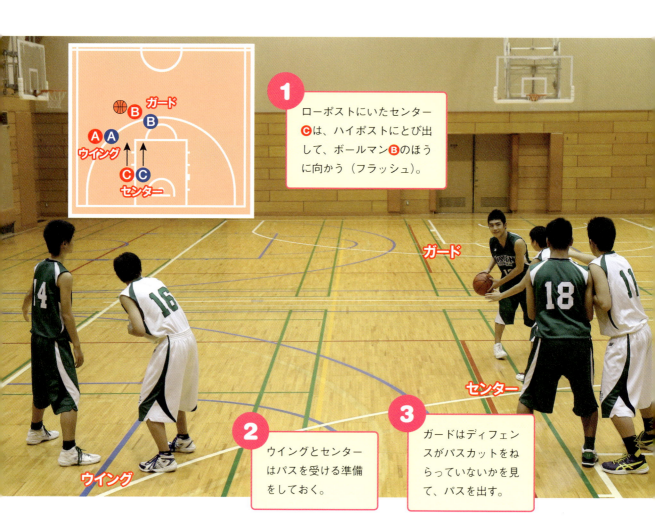

1 ローポストにいたセンター**C**は、ハイポストにとび出して、ボールマン**B**のほうに向かう（フラッシュ）。

2 ウイングとセンターはパスを受ける準備をしておく。

3 ガードはディフェンスがパスカットをねらっていないかを見て、パスを出す。

試合では、攻守でそれぞれ5人の選手がコートに立っている。しかし、ハーフコートの1つのサイドに10人すべてがいることは、ほとんどない。片側に3対3、もう一方に2対2でいることが、基本的な立ち位置だ。

その3対3のサイドで攻撃する方法の1つが、「UCLAカット」だ。ガード（→P.107）がゴール下に走り込む（UCLAカット）ところから始まるので、プレーそのものも「UCLA」と省略して呼ぶことが多い。

ここではUCLAを使いながら、ディフェンスの動きを見て、うまく攻める方法をおぼえよう。

STEP 1　ハイポストスクリーンからレイアップシュート

人数	6人	回数	1回～
道具	ボール、ゴール	時間	5～10分

フリースローラインの角（ハイポスト）の味方を壁にして、センターの横すれすれを通って走り込もう。

Point　UCLAカットでノーマーク

1. オフェンスはトップと45度、ハイポストに立ち（左ページの図参照）、それぞれにディフェンスがつく。
2. ガードはウイングにパスを出したら、ゴールに向かう。
3. ガードはウイングからパスを受けて、レイアップシュートを打つ。

STEP 2　ダウンスクリーン

人数	6人	回数	1回～
道具	ボール、ゴール	時間	5～10分

スクリーナーがハイポストからローポストへ移動するプレーを「ダウンスクリーン」という。

Point　UCLAカット→連続攻撃

1. ＡがＣにパスをできない場面を想定し、Ｂがトップにとび出す。
2. ＡはＢにパスをし、ローポストにいるＣのスクリーナーにダウンスクリーン。
3. Ａのダウンスクリーンを受けたＣはアウトサイドにとび出し、Ｂからパスを受けてシュートを打つ。

STEP 3　ダウンスクリーンから2対2に移る

人数	6人	回数	1回～
道具	ボール、ゴール	時間	5～10分

1つの攻撃だけで終わらせず、連続した攻撃を心がけよう。

Point　ダウンスクリーン→2対2

1. STEP2の3でＢからＣにパスが出せないときは、ＣはダッシュでＢの背後に回り込む。
2. このときＡは、コートの逆サイドに移動する。
3. ＣはＢから手渡しでボールを受けて、あらためて2対2で攻める。

09 オフェンス

動きに変化をつけて相手ディフェンスを惑わす
ハーフコートの3対3②

3対3の動きの2つめは「スタック」。わざと密集したところをつくって、攻撃をスタートさせる。動きに変化をつけて、うまく攻撃しよう。

1 フリースローレーン上に2人のオフェンスが並んで立つ。

2 エンドライン側の選手はボールを受ける意思を表して、手を挙げておこう。

3 ボールマンは2人の動きをよく見ておく。

ボールを持っている選手がトップに立ち、ほかの2人はフリースローレーン上に並んで立つ。それぞれにディフェンスがつく。

　スペースが空いていれば、それだけオフェンスは自由に動けるが、一方でディフェンスもオフェンスの動きについていきやすい。
　そこで攻撃のスタートポジションを、わざと密集地帯にする方法をとることがある。2人のオフェンスが並んで立つ「スタック」だ。

　スタックのポジションから、ボールを受ける選手は急に動き出す。さらにもう1人のオフェンスが、ボールを受ける選手の相手ディフェンスにスクリーンをかけると、対応が遅れて、さまざまな攻撃をしかけることができる。スタックからのプレーを身につけよう。

| STEP 1 | ボールを受けてジャンプシュート |

人数	6人	回数	1回〜
道具	ボール、ゴール	時間	5〜10分

Point スクリーンをうまく使う

1 左ページの図のように並ぶ。Ⓑが、Ⓒのディフェンスⓒにスクリーン。
2 Ⓒはコーナーにとび出して、Ⓐからパスを受け、そこからジャンプシュートを打つ。

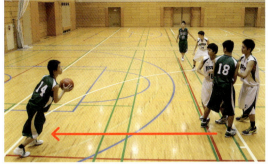

2人のオフェンスが並んだスタックをつくり、その密集地帯からとび出した選手がシュートを打つ。

| STEP 2 | フラッシュ・バックドア |

人数	6人	回数	1回〜
道具	ボール、ゴール	時間	5〜10分

Point ディフェンスの裏を突く

1 左ページの図と同じ位置からスタート。Ⓑはハイポストに、Ⓒは45度に、同時にとび出す。
2 ⒶはハイポストのⒷにパス。Ⓑがパスを受けると同時に、45度のⒸは反転し、ゴールにダッシュ。Ⓑからパスを受けたⒸが、シュートを打つ。

2人が同時に動き出して、ゴール下に空間をつくる。ディフェンスの裏をかく連係プレーだ。

| STEP 3 | ドライブからセンターの合わせ |

人数	6人	回数	1回〜
道具	ボール、ゴール	時間	5〜10分

Point ドライブに動きを合わせる

1 STEP1の2まで行う。コーナーでパスを受けたⒸが、エンドライン沿いをドリブルする。
2 スクリーン中のⒸにかわり、ⒷがⒸのドリブルのディフェンスにまわる。
3 ドリブルをしているⒸは、スクリーナーⒷにパスをする。Ⓑがシュートを打つ。

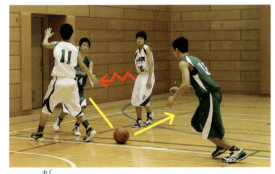

対応の遅れを利用した合わせのプレーで、シュートまで持ち込む。

オフェンス 10

スクリーンプレーを組み合わせてマークを外す
ハーフコートの3対3 ③

バックスクリーンからのアプローチ。スペースをつくる動きに、スクリーンプレーを組み合わせて攻める。ディフェンスが対応したら、連続で攻めよう。

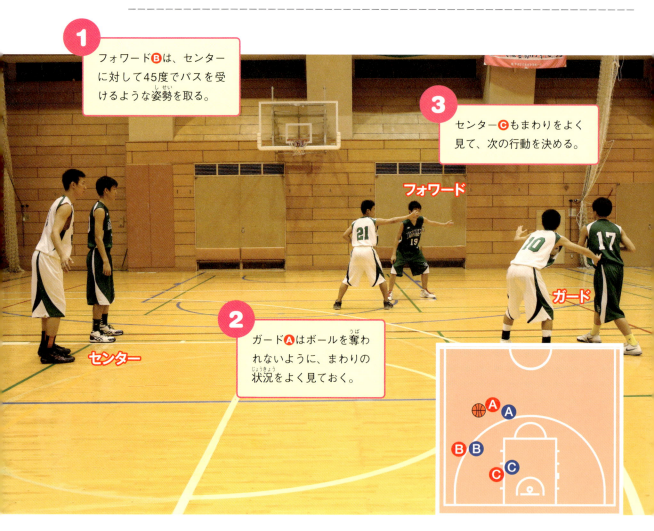

1 フォワードBは、センターに対して45度でパスを受けるような姿勢を取る。

2 ガードAはボールを奪われないように、まわりの状況をよく見ておく。

3 センターCもまわりをよく見て、次の行動を決める。

　3対3のスクリーンプレーは、スタック（→P.96）のように特別なポジションからスタートするものばかりではない。

　45度でボールを受けようとしているフォワードBに対して、ディフェンスがディナイをしてパスが出せないとき、センターCは背後からスクリーンをかけにいく。Bのディフェンスは、ボールを見ながらディナイをしているので、スクリーンの存在に気づきづらい。

　スクリーナーは動くとファウルをとられるルールなので、Cはひざを曲げて立っておく。BはCをうまく使って、ノーマークになる。

STEP 1 バックスクリーンからゴール下のシュート

人数	6人	回数	1回〜
道具	ボール、ゴール	時間	5〜10分

バックスクリーンを使ってスペースをつくり、ゴール下にとび込もう。

Point スクリーンでゴール下へ

1. オフェンスはトップ（Ⓐ）、45度（Ⓑ）、ローポスト（Ⓒ）に立ち、それぞれにディフェンスがつく。
2. ⒸがⒷをマークするディフェンスの背後からバックスクリーンをかける。
3. Ⓑはゴール下に走り込み、Ⓐからパスを受けてシュートを打つ。

STEP 2 コーナーからセンターへの合わせ

人数	6人	回数	1回〜
道具	ボール、ゴール	時間	5〜10分

マークにくるのかこないのか、ディフェンスの対応をよく見てプレーしよう。

Point ディフェンスの動きに対応

1. STEP1でⒸのバックスクリーンを受けたⒷはコーナーに移動し、Ⓐからパスを受ける。
2. Ⓑはノーマークならシュートを打つ。Ⓒのディフェンス🅲が守りに出てきたら、Ⓒにパスを出す。
3. ⒸはⒷからパスを受けてシュートを打つ。

STEP 3 アラウンドから2対2

人数	6人	回数	1回〜
道具	ボール、ゴール	時間	5〜10分

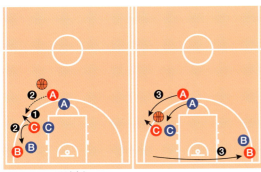

たくさんの選択肢を持つことが大事。1つのプレーがダメでも、次のプレーに切りかえよう。

Point センターの外側に走り込む

1. STEP2の1でⒶからⒷにパスが出せないときは、Ⓒが45度にとび出す。
2. ⒶはⒸにパスを出したら、そのままⒸの背後に回り込むように移動する。このときⒷは逆サイドへ。
3. ⒶとⒸで2対2のスクリーンプレイをして攻める。

11 オフェンス

ボールのないサイドをうまく使う

ハーフコートの３対３ ④

ボールのあるサイドだけでなく、ボールのないヘルプサイドをうまく使って攻めよう。コートを広く使うことで攻撃に厚みが出る。

1 ヘルプサイドで、攻撃の準備をしておく。

2 チームメイトと協力して、スペースをつくり出す。

3 ボールを持っている選手は、ヘルプサイドの動きも意識しておく。

　ボールのあるサイドを「ボールサイド」と呼び、ボールのないサイドを「ヘルプサイド」と呼ぶ。２つのサイドはボールが行ったり来たりするたびに、名前が一瞬でかわってしまう。

　ボールサイドからヘルプサイドにかわり、ディフェンスが少しでも気をゆるめたら、それを見逃さずにうまく攻めよう。ヘルプサイドでもスクリーンを使うことでノーマークになり、ボールサイドからいきなりパスを受けることもできる。

　ボールを持っていない選手であっても、常に攻撃のチャンスをつくるように心がけよう。

STEP 1 フラットスクリーン

人数	6人	回数	1回〜
道具	ボール、ゴール	時間	5〜10分

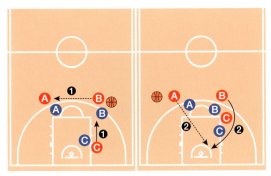

ボールを持っていないトップの選手がゴール下に走るときは、ハイポストの選手をスクリーナーにする。

Point 縦のスクリーンを使う

1. オフェンスはツーガードポジション（ⒶとⒷ）と、ローポスト（Ⓒ）に立つ。Ⓑがボールを持っている。
2. ⒷはⒶにパスをする。同時にⒸはハイポストに走り上がる。
3. ⒷはⒸをスクリーナーにしてゴール下へ走り込み、Ⓐからパスを受けてシュート。

STEP 2 シャッフルカット

人数	7人	回数	1回〜
道具	ボール、ゴール	時間	5〜10分

逆サイドの45度の選手は、ハイポストの選手をスクリーナーにして、コート中央に走り込む。

Point 横のスクリーンを使う

1. オフェンスは両45度（ⒶとⒷ）と、ハイポスト（Ⓒ）に立つ。
2. Ⓐにパスが出ると同時に、ⒷはⒸをスクリーナーにしてコート中央に走り込む。
3. ⒷはⒶからパスを受けてシュートを打つ。

STEP 3 フレックスカット

人数	7人	回数	1回〜
道具	ボール、ゴール	時間	5〜10分

45度の選手にパスを出した逆サイドの選手は、ローポストの選手をスクリーナーにして、ゴール下に走る。

Point ゴール下でパスを受ける

1. オフェンスは両45度（ⒶとⒷ）と、ローポスト（Ⓒ）に立つ。
2. Ⓐにパスが出ると同時に、ⒷはⒸをスクリーナーにして、図のようにゴール下に走り込む。
3. ⒷはⒶからパスを受けてシュートを打つ。

第2章 ゲームを想定した実戦・練習メニュー

屋上から全国へ 【8－203】からの始まり

コラム

実践学園中学校のバスケットボール部ができたのは、1995年。当時はまだ高瀬監督が指導していなかったが、初めて出場した東京・中野区の大会で【8－203】という大差で敗れている。

勝つためには辛い思いも乗り越えよう

　初めて出場した大会の後も実践学園中学は公式戦では勝つことがなかった。そして8－203で敗れた選手たちが3年生になる年に、高瀬監督の指導が始まった。

　春休み、高瀬監督が選手たちに「スリーメン」（→P.88）をするように指示すると、選手から「どうしてこんな苦しいことをしなければいけないんですか!?」と苦情が出たという。高瀬監督は「勝つためには苦しい思いをすることもあるんだよ」と選手たちに話して、その後もねばり強く指導を続ける。そして、彼らにとって中学生活最後の夏の大会で、念願の公式戦初勝利をあげることができた。

　それから10年後、高瀬監督率いる実践学園中学は初めて全国大会出場を決めた。主に使っている練習場が屋上にあることから、その年の合言葉は「屋上から全国へ　奇跡を起こそう」。合言葉どおり、奇跡を起こしたのだ。

　さらに6年後の2014年、実践学園中学は夏の全国大会で決勝戦まで進み、準優勝という結果を残している。全国トップクラスのチームに登りつめた瞬間である。

　諦めずに練習を積み重ねていけば、いつか夢は叶うことを、実践学園は教えてくれる。

第3章

試合に勝つための作戦

01 戦略

チームによって臨機応変に形を決める
フォーメーション

攻撃をよりスムーズに行うために、チームに合ったフォーメーション（陣形）を決めよう。身長面のハンディキャップを補うパターンをおぼえよう。

　バスケットの攻撃フォーメーションは、大きく2つに分けられる。「3アウト2イン」と「4アウト1イン」だ。「3アウト2イン」は、アウトサイドに3人、インサイドに2人を配置するフォーメーションで、「4アウト1イン」は、アウトサイドに4人、インサイドに1人を配置するフォーメーションのこと（詳細は右ページ）。

　もし、それぞれのポジションに適した選手がいなければ、無理にそのポジションに選手を入れる必要はない。チームのメンバー事情を考えて、自分たちに合ったフォーメーションを決めよう。

1 強力なインサイドプレーヤーが チームに2人以上いる場合

3アウト2イン

「3アウト2イン」を採用しよう。ゴールに近いところで力を発揮できる選手が複数いれば、より得点しやすくなるからだ。例えば、一方のインサイドプレーヤー Ｅ がハイポストに駆け上がり、ガード Ａ からパスを受ける。Ｅ がパスを受ける瞬間に、もう1人のインサイドプレーヤー Ｄ は制限区域内にとび込み、Ｅ からパスを受けてシュートを打つといった攻め方ができる。

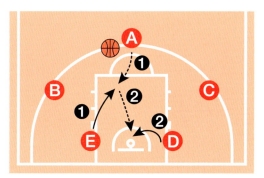

ガードと両ウイング、両サイドのローポストにインサイドプレーヤーを配置する。

2 身長の高い選手が チームにいない場合

4アウト1イン

「4アウト1イン」を採用しよう。インサイドに1人しかいなければ、アウトサイドの選手がゴールをねらうときに、スペースを広く使えるからだ。例えば、ガード Ａ がウイング Ｂ にパスをする。同時に、ローポストの選手 Ｅ はハイポストに駆け上がる。Ａ はパスを出したら、Ｅ の横へ走り込む。同時に逆サイドの Ｃ と Ｄ はそれぞれ、Ａ と Ｃ がいたポジションを埋める。Ａ は Ｂ からリターンパスを受けてシュートを打つといった攻め方ができる。

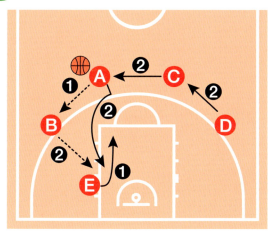

2ガードと両ウイング（45度）、ローポストに選手を配置する。

3 役割に見合った選手が いないとき

チームづくりは選手に応じて

フォーメーションを含めたチームづくりは、選手個々の能力を練習で見きわめて行う。例えば、インサイドで体をぶつける強さのある選手がいないときは、インサイドに選手をおかず、5人すべてがアウトサイドに出るフォーメーションにしてもよい。

チームに合ったフォーメーションを決めよう。

02 戦略

チームの力を最大限に引き出す
ポジションとメンバー交代

フォーメーションと強いつながりを持つのが、ポジション決め。身長だけではなく、各ポジションの役割や求められる能力を知った上で決めよう。

ガードは身長が低い選手がなることが多い。ボールハンドリングがよく、視野が広い選手であれば、身長が大きい選手をガードに起用してもよい。

身長に関わらず、相手にぶつかっていく気持ちを持っている選手は、インサイドで起用しよう。

アンバランスがバランスを制す

1999年のウインターカップで優勝した宮城・仙台高校は、160～170cmの選手を3人も抱えるチームだった。ポジションに合った性格・性質の選手を起用した"表面上はアンバランスなチーム"が、身長に合わせてポジション分けをした"バランスのよいチーム"に勝ったよい例だ。チームを率いた佐藤久夫コーチ（当時）も、「アンバランスさがバランスを制した」といっている。

各ポジションの役割や求められる能力

バスケットボールには5つのポジションがある。各ポジションには、それぞれの役割と、求められる能力があることを知っておこう。

❶ ポイントガード

別名1番。ほとんどの攻撃の起点となる。ドリブルやパスの技術、コート全体を見渡せる視野、的確な判断力、指示の声の大きさなどが求められる。フリーになったときや、得点がほしいときにシュートを入れてくれるようなシュート力も必要とされる。

❷ シューティングガード

別名2番。常に得点を求められる。スリーポイントシュートやジャンプシュート、ドライブを、角度に関係なく決められる力が必要となる。ディフェンスと駆け引きすることを得意としていて、シュートを打ち続ける強いメンタルを持った選手が適している。

❸ スモールフォワード

別名3番。多くの場合チームのエースがつとめる。インサイドとアウトサイドの両方で、得点を決める能力が求められる。ディフェンスから厳しい守りにあうので、フィジカル（体をぶつけることやガードに競ってポジションをとるなど）の強さも求められる。

❹ パワーフォワード

別名4番。インサイドとアウトサイドの両方で、ボールをつなぐ役割を担う。スピードに加え、センターと同じようなパワフルなプレーも求められる。ポイントガード同様、得点力も期待され、アウトサイドからのシュート力も必要となっている。

❺ センター

別名5番。チームの大黒柱的存在。主にゴール下にある制限区域のなかでプレーをすることが多く、ゴール付近でのシュートやリバウンドなどが求められる。そのため、相手に当たり負けしないパワーが必要となる。身長の高さがあるに越したことはないが、大切なのは体をぶつけて戦える強い気持ちだ。

第3章 試合に勝つための作戦

03 分析

スポーツでも予習すれば勝てる
相手チームの分析

相手チームに勝つためには、相手チームを知っておくことが大切だ。相手チームの試合を映像でチェックしておこう。

　試合に臨む前に、相手チームの試合を一度は見ておこう。できれば、実際の試合を会場で見るのが理想だ。というのも、映像で見ると動きが少し遅く見えるからだ。

　最近は、家庭用のビデオカメラを持っている選手や監督が多いはずだ。もし持っていれば、自分たちの試合だけではなく、対戦するチームの試合も録画して、試合の前にチームみんなで見ておこう。相手チームの得意な攻撃パターンはどういうものか、自分がマッチアップしそうな選手はどんな選手かをチェックして、ノートなどに書き出せば分析に役立つ。

相手のディフェンスに対して対策を考える

バスケットのディフェンスは、大きく2種類に分類される。2つの特徴を理解して、相手がどちらを使ってきても対応できるよう、きちんと分析した上で攻めよう。

ゾーンディフェンスの特徴

相手チームに強力なインサイドプレーヤーがいて、一方でアウトサイドからのシュートがあまり得意でないチームと対戦したときに有効。5人の選手が、それぞれ決められたエリアを守るため、1人のディフェンスが抜かれても、またすぐ次のディフェンスが守りにいくことができる。

主な陣形としては、2人のディフェンスが前に立ち、3人がうしろに立つ「2－3」や、その逆に立つ「3－2」などがある。ほかにもたくさんあるが、それぞれに長所と短所があるので、特徴を知っておこう。

➡ オフェンスはどう攻める？

ゾーンディフェンスは、オフェンスのパスやドリブルなどで陣形を崩されると、その動きがスムーズにいかなくなる。オフェンスは、速攻など、ゾーンディフェンスを崩す練習をしておこう。

マンツーマンディフェンスの特徴

ディフェンスの最も基本的な守り方。1人のオフェンスに対し、1人のディフェンスが守るのが特徴。

自分のマークする相手がボールを持っていないときでも、常に相手を意識しながら、チームメイトを助ける動き（ヘルプ）をする必要がある。

ヘルプに出ていくと、自分が本来マークすべき選手がノーマークになってしまうので、ほかのチームメイトがポジションを移動して守らなければならない（ローテーション）。

➡ オフェンスはどう攻める？

「スクリーンプレー」（→P.80）を使ったり、「パスアンドラン」（→P.125）などでボールと人を動かしたりして、マンツーマンディフェンスを攻めよう。

コラム

イメージトレーニング

よいプレーは真似ることから始まる──。これは多くのトッププレーヤーたちも認めていることだ。NBAを始め、日本国内のトップリーグ、自分たちよりも年齢が上の先輩たちのプレーを見て真似をすることは、上達への第1歩である。

いろいろな試合を見よう

バスケットボールはプレーするだけではなく、積極的に見ることも大切だ。NBAはBSチャンネルなどで放送しているし、インターネットにつなげばアメリカ以外の国のバスケットボールも見ることができる（一部、お金が必要なものもあるので、その場合は保護者に相談しよう）。また、国内のトップリーグは、住んでいる町の近くで試合が行われることもある。それを見に行くのもよいだろう。

見た姿を何度も思い浮かべよう

そうして目に焼きついたプレーを頭の中で何度もイメージして、授業が終わったら、練習前、または練習後の自由な時間に真似してみよう。うまくできなければ、もう一度映像を見るか、頭の中で詳しくイメージして、何が違うのかを考えながらやってみる。

実践学園中学の練習の中にも、トッププレーヤーが行っているプレーを真似したものがいくつかある。例えばドリブルの「インサイドアウト」にある「インサイドアウトからクロスオーバー」（→P.25）は、NBAのサンアントニオ・スパーズのポイントガード、トニー・パーカーがよく使うテクニックだ。「レイアップシュート①」の「ジグザグ・ステップ」（→P.41）も、同じチームにいるマヌ・ジノビリが得意とするステップだ。

よいプレーをたくさん見て、頭の中で「自分がそれをやったら、どうだろう？」などを考えるのも、バスケットボールのおもしろさの1つ。体を動かす練習だけではなく、頭も使ったイメージトレーニングも積極的に行おう。

第4章
トレーニング

01 トレーニング

速攻やディフェンスの戻りに強くなる
脚力をつけるトレーニング

バスケットは28m×15mのコートを走り回るスポーツで、ゴールは3m5cmの高さにある。走る力とジャンプ力を鍛えておこう。

バスケット選手には、走る力とジャンプ力が欠かせない。もちろん、いきなり速く走れたり、高くとべたりする人はいないので、トレーニングを重ねて、スピードとジャンプ力を伸ばしていこう。毎回、エンドラインまでは戻らないようにすると、一度に多くの人がダッシュでき、効率がよい。

| 部位 | 太もも・ふくらはぎ・心肺機能 |
| 回数 | フロントターン×2セット　バックターン×2セット |

❶エンドラインからフリースローラインまで走り、❷エンドラインからセンターラインまで行ったらフリースローラインまで戻る……と図のような順番で走る位置をずらす。

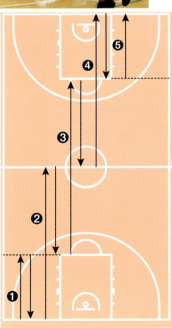

ダッシュ

　コートを縦に使って2.75往復（2往復＋往復の半分＋エンドライン～センターラインまで）のダッシュをする。エンドラインに並んだら、コーチの笛の合図で走り出し、逆サイドのエンドラインを踏んで戻ってくる。制限時間を決め、その時間内に走り終えるようにしよう。チームのレベルによって、往復数は増減させる。

| 部位 | 太もも・ふくらはぎ・心肺機能 |
| 回数 | 1～3セット |

コートをダッシュすることは、走力を高める基本練習。1本ずつ、全力で取り組もう。

階段の上り下り

　器具を使ったトレーニングをするのは、小中学生には早すぎる。発育の順番は、神経系が小中学生の年代で、筋力が高校生の年代からということがわかっているからだ。そこで、今を逃したら身につきにくいスキルをおぼえるために、自分の体重を使ったトレーニングをしよう。その1つが、階段を使ったトレーニングである。

| 部位 | 太もも・ふくらはぎ・でん部 |
| 回数 | 30回×1セット |

太ももをしっかり上げて、1段ずつ細かく、速く上り下りをしよう。脚力のアップにつながる。

02 トレーニング

体幹を鍛える
筋力をつけるトレーニング

トレーニングは体の成長に合わせて行うことが大切。自分の体重をいかした「スタビライゼーション」で、腹筋や背筋を鍛えよう。

> ●スタビライゼーションとは： 器具を使わず、自分の体重だけで行うトレーニング。安全性が高く、また、体幹や胴体が鍛えられるため、単に筋肉が引き締まるだけでなく、骨格のバランスを整えることができる。

❶ うつぶせになり、ひじを立てて体を浮かせる。頭、背中、かかとのラインを一直線にし、その姿勢を15～30秒キープする。主にお腹の前の筋肉が鍛えられる。

部位	胸筋・腕・腹筋
回数	1～3セット

❷ 体を横向きにして、腕1本で支える。このとき、腰を落とさないようにし、体を一直線にする。その姿勢を15～30秒キープする。主にお腹の横の筋肉が鍛えられる。

部位	太もも・腕・腹筋・肩
回数	左右1～3セット

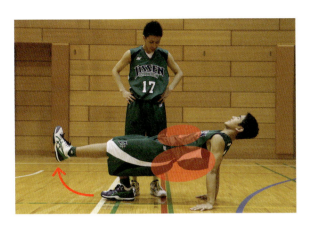

❸ 上を向き、両手足を床につく。片方の足をあげて、両手と、もう片方の足の3点で体を支える。お尻を落とさないように、頭から足までを一直線にして、15〜30秒キープする。主に腹筋、背筋が鍛えられる。

部位	背筋・腕・腹筋・でん部
回数	足を左右1〜3セット

❹ 両手、両ひざを床につく。片方のひざと、その反対側の手を床につける。浮かした手と足は前後に真っすぐ伸ばして、一直線にする。足が落ちていないか、パートナーがチェックしよう。その姿勢を15〜30秒キープする。主に背筋が鍛えられる。

部位	太もも・胸筋・腹筋・肩
回数	左右1〜3セット

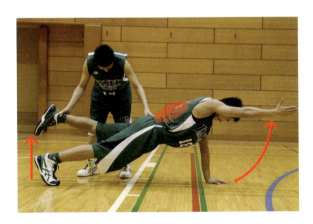

❺ ❹の姿勢をしっかりキープできるようになったら、床につけているひざを伸ばして、つま先で体を支えてみよう。腹筋や背筋への負担が、少し強く感じられるはずだ。一直線の姿勢は崩さずに、15〜30秒キープしよう。

部位	太もも・胸筋・腹筋・肩・でん部
回数	左右1〜3セット

❻ 仰向けに寝て、片方のひざを胸に引き寄せる。同時に、引き上げた足とは反対側のひじを、ひざにくっつけるように、上半身を起こしていく。その姿勢を15〜30秒キープする。主に腹筋が鍛えられる。

部位	腹筋
回数	左右1〜3セット

第4章 トレーニング

03 トレーニング

体の仕組みを理解して、内側からも力をつける
栄養補給

練習やトレーニングだけでは効率よくスタミナをつけることはできない。普段の食事や、栄養補給にも意識を向けよう。

3大栄養素がどんな場面で必要かがわかる一覧表

栄養素	体への働き	こんなときに必要	期待される効果	多く含む食品
タンパク質	筋肉をつくる／血液をつくる／骨をつくる／内臓をつくる／髪、皮膚、爪をつくる	合宿の食事／試合後の食事	筋力アップ／関節の痛み・食欲不振からの回復／貧血・肉離れ対策	肉／魚／卵／乳製品／大豆製品
炭水化物（糖質）	エネルギー源になる	試合前の食事／試合後の食事／間食（試合間近）／間食（トレーニング中）	持久力アップ／集中力アップ／食欲不振・疲労からの回復	パスタ／ご飯／うどん／パン／そうめん／いも類／とうもろこし／フルーツ
脂質	エネルギー源になる／細胞膜をつくる／神経の組織を構成する		集中力アップ／食欲不振・疲労からの回復	油／魚脂／肉脂

　トレーニングの仕上げには、栄養補給が欠かせない。疲労回復や、運動で壊れた筋肉の補修を助けてくれるからだ。特に運動を終えたあとの30分間は「栄養補給のゴールデンタイム」といわれていて、その時間におにぎりやバナナといった軽食か、サプリメントを口にするとよい。
　体育や家庭科の先生に、栄養指導をしてもらうのもよい。実践学園でも栄養指導が行われている。普段からどの栄養素がどんなときに必要かを学び、意識して摂ることが大切だ。
　栄養素によって体への働きがかわるため、合宿中と試合後では、摂るべき栄養が異なる。上の表を参考に、適切なタイミングで食事をするように心がけよう。

コラム

自分の心と向き合おう

読者の中にも、試合になると緊張したり、練習がつらくてやめたくなったりするときがあるかもしれない。悩んでいる人はマイナスの考えを打ち消すことが大切だ。

試合前の緊張は「継続」と「我慢」で克服しよう

　緊張するのは、やる前から「失敗したらどうしよう」とマイナスに考えてしまうからだ。そのマイナスの考えを打ち消すためには、試合に向けてどれだけ「しっかりと準備をしてきた」と思えるかどうかが大切になる。
　高瀬監督は選手たちによく「継続が力になり、我慢が意地になる」と伝えているそうだ。試合に勝ちたいのであれば、バスケット以外のことを我慢することも大切だというのだ。例えば携帯のゲームをしたり、漫画を読んだりすることを少し我慢して、その時間をバスケットの時間にあてる。それは個人練習でもよいし、イメージトレーニングでもよい。そこまでバスケットに対して真剣に取り組めば、試合になったときに、「この試合のために今までいろんなことを我慢したのだから、負けるわけにはいかない」という意地になり、競り合った試合を勝ち抜く力になるのだ。

　普段からしっかりとした準備ができていれば、逆に試合での緊張感を楽しむことさえできる。
　ただし、適度な緊張は集中力を高めて、普段よりもよいプレーを生み出すこともある。だから、緊張することのすべてが悪いのではなく、プレーの質を上げるために大切なものの1つだと理解しておこう。そうすれば、もし緊張しても、深呼吸1つですぐに落ち着いたプレーができるはずだ。

やめたいと思ったら真剣に取り組んでいる証拠

　日々の練習や試合のなかで、自分のプレーがうまくいかず、「やめたい」と思うときが出てくるかもしれない。
　実は「やめたい」と思うことは、それだけバスケットに真剣に取り組むようになった証拠でもある。そのときこそが、上達し始めるときでもあるのだ。
　高瀬監督は大学2年生でやめたくなったとき、キャプテンから「やめたいと思うときは上達しているときだ。すべての時間をバスケットに費やすぐらいの努力をしてみろ」と言われたそうだ。その結果が実践学園を率いる今の自分になったと認めている。

　今、目の前にある大きいと思っている壁の向こうに、もっと楽しいことが待っている。

勝つための
チーム環境づくり

1 チームの結束力が弱いとき

勝利に向かっていくためには、チームが1つになることが大切だ。チームの団結力を高めるために、実践学園が行っている取り組みを紹介しよう。

　チームが1つになるためには「規律」が求められる。規律とは、おおざっぱにいうと約束事を決めて、それを正しく守ること。実践学園では、「あいさつ、礼儀、返事、愛想」の4つをキーワードに人と接する、という約束事を決めている。そうすることで、部活動だけではなく、学校生活でも人との信頼関係がつくれるようになる。時間を守ることなど、キーワードにはなくても、重要な規律はたくさんある。
　実践学園では、その規律のもとで、1人ひとりが目標を達成するための「選手設計図」を書いて、チーム内で共有している。

2 練習場所や時間に制限があるとき

体育館をほかの部と一緒に使っていて、コート1面が使えなかったり、下校時間が決まっていて、あまり練習時間が取れなかったりするときには、練習内容を工夫してみよう。

① リバウンドの練習

体育館が使えるまで待ち時間があったら、ステージの上を練習場にしよう。床にボールをたたきつけ、はね上がったボールに向かってジャンプして奪い合うだけでも、リバウンドの練習になる。

② ろう下での練習法

体育館が使えず、外で練習をしようとしたら雨。そんなときは、ろう下を使って走るトレーニングや、スタビライゼーション（→P.114、115）を行おう。走るトレーニングでは、タイム走をやるとよい。一定の距離をタイムを計って走る。毎日継続して記録し、タイムの変動を確認する。

③ 屋上での練習法

体育館が使えなくても、屋上や校庭のコートを使って、練習をすることもできる。屋上や屋外は練習の質が気候に左右される。また、ゴールがない場所での練習になるので、2ボールドリブル（→P.19）やディフェンスの動きなどをしよう。

3 人数や体格に悩みがあるとき

部員が6人くらいしかいないチームもある。また身長の高い選手が1人もいないチームもある。試合中に対策をとったり、トレーニングで体格強化を目指したりしよう。

クォーター間やハーフタイムなどの休憩時間に、みんなで対策を話し合うことが大切。

　人数や体格で相手チームに劣っていても、試合で勝つことはできる。例えば背の小さいチームであれば、スクリーンプレーでノーマークの選手をつくったり、コートを広く使って空いたスペースに走り込んだりすれば、シュートチャンスをつくれる。また、シュート練習を重ねれば、アウトサイドからの得点を伸ばすことも可能だ。ディフェンスでは、背の大きい選手に対して2人がかりで守り、ほかの4人を3人でローテーションしながら守るなど、チームで工夫をすること。ほかにも機動力をいかした走るバスケットをしたり、スリーポイントシュートの確率を上げたりと、さまざまな練習をして、試合で力を出せるように、みんなで話し合おう。

ジャンプ力を上げるためのトレーニング

ほかのチームと比べて体格が劣るときは、トレーニング用の器具に頼らず、自分が今持っている力を伸ばすようなトレーニングをしよう。ここでは、ジャンプ力を上げるための練習を紹介する。

ジャンプトレーニング①

フリースローラインからゴールに向かって走っていき、手をバックボードに当てるように思い切りとぼう。着地したらフリースローラインまで戻って、同じ動きを3回繰り返す。最初はバックボードに届かなくても、とにかく思い切りとんでいこう。

ジャンプトレーニングでは思い切りとぶことが大切。

ジャンプトレーニング②

ゴールの下に立ち、両足で踏み切って思い切りとぼう。手をバックボードに当てるように、10回連続でとぶこと。最初にとぶときに右手を上げたら、2回めは左手というように、手を入れかえてとぶと、リバウンドの練習にもなる。

リバウンドをイメージして、手を交互に上げながら、両足で思い切りとぼう。

4 部員のモチベーションが下がったとき

いくらバスケットが好きでも、プレーがうまくできないとモチベーションは下がるもの。それをチームみんなで乗り越えるためには、話し合いがしやすいチームづくりが大切。

　不安や心配があると、どのようにプレーしたらよいのか迷ってしまって、気持ちが前向きにならない。そんなときはチームミーティングを行おう。目標を再確認して、それを達成したときのイメージをみんなで共有すると、少しずつ気持ちがたかぶってくるはずだ。

　また、時間があるときは、試合で勝ったときの映像を見返すのもよい。勝った試合ではチームの何がよかったのか、自分の何がよかったのかを見よう。チームや自分たちの好プレーを見て、よいイメージを持って試合に臨むと、やる気がみなぎってくる。また、そうした映像には、応援してくれるチームメイトや保護者の声なども入っていて、自分たちがどれだけ応援されているかを改めて知ることもできる。応援してくれる人の気持ちを知ると、やる気アップにつながるのだ。

　試合前はみんなで円陣を組み、かけ声をかけて、気持ちを1つにしよう。オリジナルのかけ声をつくれば、気持ちも1つになる。

①キャプテンを中心に話し合い

　練習がうまくいかず、誰かのモチベーションが下がっていたり、チーム内で意見が食い違ったりしたら、監督は交えず、キャプテンを中心に話し合いをしよう。思っていることを言い合っているうちに、解決策が見つかることもある。このときキャプテンは、自分の意見だけをいうのではなく、チームメイトの話も聞くようにしよう。また、誰かを批判するのではなく、あくまでも前向きな意見をいうようにしよう。

キャプテンを中心に選手だけのミーティングをすると、チームに結束力が生まれる。

②控え選手がゲーム中に声出し

　試合はコート上の5人だけで戦うものではなく、チーム全員で戦うものだ。ベンチにいる控えメンバーも、試合中に気づいたことがあったら、大きな声で教えてあげよう。それが勝因になることもある。

　また、コートにいる5人は、ベンチに仲間がいることを忘れずに、チーム全員で戦う気持ちでプレーしよう。

ベンチにいる選手は、気づいたことを大きな声で伝えてあげよう。

勝つためのチーム環境づくり

これだけは知っておきたい
バスケットボールの基礎知識

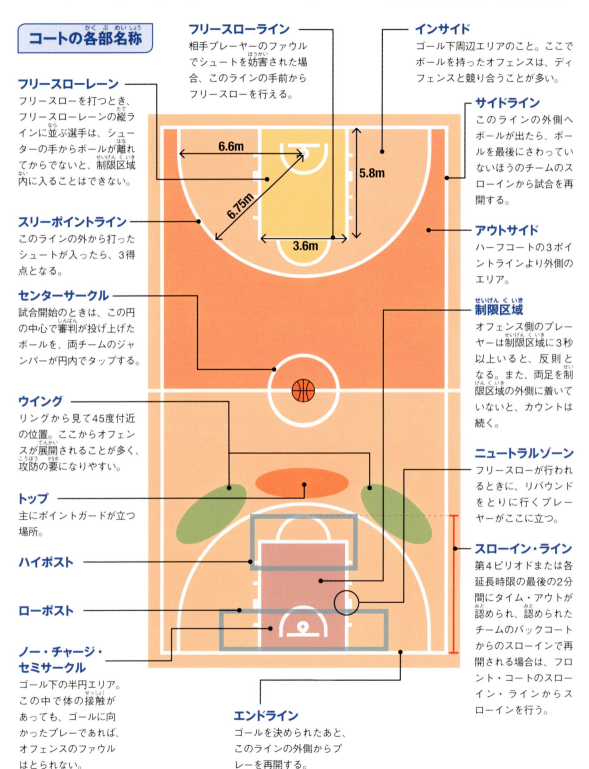

コートの各部名称

フリースローライン
相手プレーヤーのファウルでシュートを妨害された場合、このラインの手前からフリースローを行える。

インサイド
ゴール下周辺エリアのこと。ここでボールを持ったオフェンスは、ディフェンスと競り合うことが多い。

フリースローレーン
フリースローを打つとき、フリースローレーンの縦ラインに並ぶ選手は、シューターの手からボールが離れてからでないと、制限区域内に入ることはできない。

サイドライン
このラインの外側へボールが出たら、ボールを最後にさわっていないほうのチームのスローインから試合を再開する。

スリーポイントライン
このラインの外から打ったシュートが入ったら、3得点となる。

アウトサイド
ハーフコートの3ポイントラインより外側のエリア。

センターサークル
試合開始のときは、この円の中心で審判が投げ上げたボールを、両チームのジャンパーが円内でタップする。

制限区域
オフェンス側のプレーヤーは制限区域に3秒以上いると、反則となる。また、両足を制限区域の外側に着いていないと、カウントは続く。

ウイング
リングから見て45度付近の位置。ここからオフェンスが展開されることが多く、攻防の要になりやすい。

ニュートラルゾーン
フリースローが行われるときに、リバウンドをとりに行くプレーヤーがここに立つ。

トップ
主にポイントガードが立つ場所。

スローイン・ライン
第4ピリオドまたは各延長時限の最後の2分間にタイム・アウトが認められ、認められたチームのバックコートからのスローインで再開される場合は、フロント・コートのスローイン・ラインからスローインを行う。

ハイポスト

ローポスト

ノー・チャージ・セミサークル
ゴール下の半円エリア。この中で体の接触があっても、ゴールに向かったプレーであれば、オフェンスのファウルはとられない。

エンドライン
ゴールを決められたあと、このラインの外側からプレーを再開する。

124

知っておきたいバスケットボール用語集

カ

カット
ボールをカットするという意味もあるが、オフェンスプレーヤーが、ある特定の場所から別の場所へ移動することもカットと呼ぶ。移動する方向、軌跡を示す言葉で、カットイン、Vカットなどと使われる。

クロスステップ
進行方向に対してうしろ側の足で踏み出し、前側の足に大きく被せるようにクロスさせるステップ。体をディフェンスプレーヤーに向けたまま移動するときなどに行う。

サ

シール
相手に密着して動きを封じること。オフェンスがディフェンスの前に出て、背中や腕を密着させてディフェンダーが前にでてくるのを防ぐプレー。

シューティングライン
「ゴール」「前足」「ボールを持った腕」を一直線にすること。

スイッチ
プレー中のディフェンスが、それぞれのマークの相手を交換すること。スクリーンプレーの対抗策。

スクリーン
オフェンスプレーヤーが、ディフェンスプレーヤーに対して、自分の体を壁のようにして、相手プレーヤーの動きを封じること。

スティール
ボールを持っているプレーヤーから、もしくはパスの途中でボールを奪うこと。

スナップ
シュートのとき、ボールを持った方の手首をしならせる動作。ボールに逆回転をかけるために行う。

タ

ダブルドリブル
反則行為。一度ドリブルを止めた後に、再びドリブルを始めること。

ドライブ
オフェンスが、ドリブルしながらゴールを目指すこと。

トラベリング
反則行為。ボールを持ったプレーヤーが、ドリブルをせずに3歩以上歩いたり、ターンの途中に軸足を動かしたりするなど、ルールの規定よりも足を動かしてしまうこと。

ハ

ハーキーステップ
ディフェンスの姿勢のまま、左右の足で連続して小刻みにステップを踏むこと。

バイオレーション
バスケットボールの反則は、大きく分けて「ファウル」と「バイオレーション」の2種類がある。バイオレーションは、時間の超過やラインアウト、ボールの不当な扱い(トラベリングやダブルドリブル)に対する反則を指す。

パスアンドラン
パスをすると同時に、リターンパスを受けるためにすぐ走ること。

パッサー
パスを出すプレーヤーのこと。

ピボット
ピボットターンの略。トラベリングしないように、軸足はフロアに固定したまま、もう片方の足を動かして体の向きをかえること。

ファウル
「パーソナル・ファウル」という体の接触に対する反則と、「テクニカル・ファウル」というスポーツマンらしくない言動・行為に対する反則を指す。バイオレーション以外の反則。相手のプレーヤーがシュート中にファウルした場合は、フリースローが与えられる。シュート中でない場合は、相手チームのボールとなってスローインで再開する。

フェイク
シュートするふりをして、パスをしたり、ドリブルをしたりすること。ディフェンスの反応を誘うためのプレー。全身や足、目線、ボールの動きなどを使って行う。

フリースロー
シュート動作中に起きたパーソナル・ファウルなどに対し、ファウルを受けたプレーヤーがフリースローラインからシュートを打てる。ファウル対象のシュートが入った場合は1本、入らなかった場合は2本(スリーポイントシュートの場合は3本)投げられる。

ブロック(ブロックショット)
ディフェンスプレーヤーがシュートを手で防いだり、空中でたたいたりして、ゴールインを防ぐ動作のこと。

ボールハンドリング
シュート、ドリブル、パスなどをするときの手の感覚やボールの扱い方。

ボールマン
オフェンスのときにボールを保持している状態、もしくは保持しているプレーヤーのこと。

ボールミート
パッサーからのボールを迎えるように、2歩ステップを踏んでボールを受けること。

ポストプレー
ポストとは、フリースローレーン周辺にポジショニングすること。ポストにポジションをとったプレーヤーを基点にして、さまざまな攻撃をしていくのがポストプレー。

マ

マークマン
ディフェンスのときに、自分が守る相手のこと。

マッチアップ
オフェンスとディフェンスのプレーヤーが相対すること。

ラ

リバウンド
シュートが入らず、リングやバックボードにはね返ること。また、はね返ったボールを取るためにとび込むこともリバウンドと呼ぶ。

監修・学校紹介

監修

高瀬俊也 監督

早稲田大学第一文学部卒業。実践学園中学男子バスケットボール部監督を1998-2011年まで務める。その間、全国大会に2回出場し、ベスト8（2011年）の戦績を収めている。また、都道府県対抗ジュニアオールスターバスケットボール大会の東京都選抜ヘッドコーチを務める（2006-2008年／2010年）。全国準優勝1回（2007年）・第3位1回（2008年）。2010年に実践学園高等学校男子バスケットボール部監督に就任した。

学校

実践学園中学・高等学校

東京都にある、中高一貫型の私立中学校・高等学校。男子卓球部、高校女子バスケットボール部はインターハイなど全国大会出場の常連校である。また、中学男子バスケットボール部、高校男子サッカー部、高校女子バレーボール部なども全国大会出場経験がある。

制作に協力してくれた部員たち

後列左から　大村源大　多田竜之介　町井丈太　門井脩人　小松伸吾　磯部真希　石田海陽
前列左から　矢口拓歩　阿保柊二　江川航希　深澤英吾　引地椋祐　吉川邦弥　三浦修平

実践学園中学校　バスケットボール部

『バスケットボールを通じて、豊かな人間性を備え、社会に貢献できる人材となる』ことを目的として、バスケットボール競技と学業の「文武両道」を実践している。また、「感謝する心」「努力する心」「思いやりの心」「我慢する心」を身につけることをモットーに、人間力を高め、「ハートの良い」集団になることを目標としている。

編集	ナイスク（http://www.naisg.com）
	松尾里央　高作真紀　岸 正章　大熊静香　小宮雄介　太田啓介
	鈴木英里子　宿谷佳子　鶴田詩織　花村優美
装丁・本文フォーマット	大悟法淳一　大山真葵（ごぼうデザイン事務所）
デザイン・DTP	酒井美穂　上里恵美　境田明子（ごぼうデザイン事務所）
撮影	坂本 清
イラスト	有限会社Imagination Creative
	野見山 恵
取材・文・編集協力	三上 太
編集協力	斉藤正太

勝てる！強くなる！
強豪校の部活練習メニュー
バスケットボール

初版発行　2015年3月
第4刷発行　2019年2月

監修　高瀬俊也

発行所　株式会社 金の星社
　　　　〒111-0056 東京都台東区小島1-4-3
　　　　電話 03-3861-1861（代表）　FAX 03-3861-1507
　　　　振替 00100-0-64678　　http://www.kinnohoshi.co.jp
印刷　広研印刷 株式会社
製本　東京美術紙工

128P 26.3cm NDC780　ISBN978-4-323-06493-2 C8375

©Naisg, 2015
Published by KIN-NO-HOSHI SHA Co.,Ltd, Tokyo Japan

乱丁落丁本は、ご面倒ですが、小社販売部宛にご送付ください。
送料小社負担にてお取り替えいたします。

JCOPY （社）出版者著作権管理機構 委託出版物
本書の無断複写は著作権法上での例外を除き禁じられています。複写される場合は、そのつど事前に
（社）出版者著作権管理機構（電話 03-3513-6969、FAX 03-3513-6979、e-mail: info@jcopy.or.jp）の許諾を得てください。
※本書を代行業者等の第三者に依頼してスキャンやデジタル化することは、たとえ個人や家庭内での利用でも著作権法違反です。

勝てる！強くなる！ 強豪校の部活練習メニュー

- シリーズNDC780（スポーツ、体育）
- B5判 128ページ
- 図書館用堅牢製本
- 小学校高学年・中学生向き

第1期 全5巻

全国でスポーツにはげむ小中学生のために、各種目の強豪校の練習方法を紹介。基本的な練習から実戦練習、筋力トレーニング、チームマネジメントまで、強くなるための方法を完全網羅。練習メニューの組み方も解説しているので、「部活を始めたばかりでどんな練習をしていいかわからない」「練習をしても試合で勝てない」などの悩みを解決できます。

サッカー
常葉大学附属橘中学校 男子サッカー部監督
松下 義生 監修

野球
東海大学付属翔洋高等学校中等部 野球部監督
寺﨑 裕紀 監修

バスケットボール
実践学園中学・高等学校 男子バスケットボール部総監督
高瀬 俊也 監修

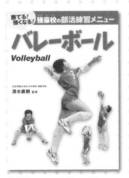

バレーボール
文京学院大学女子中学校 高等学校
清水 直樹 監修

ソフトテニス
晴明学園中学校 ソフトテニス部監督
高橋 茂 監修

第2期 全3巻

卓球
愛知工業大学名電中学校 卓球部監督
真田 浩二 監修

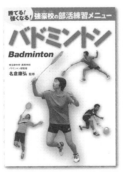

バドミントン
埼玉栄中学・高等学校 バドミントン部監督
名倉 康弘 監修

水泳
日本大学豊山高等学校・中学校 水泳部監督
竹村 知洋 監修